民俗文化叢書

濁水溪流域彰化縣東南區客家文化傳衍之研究

——以田尾鄉、田中鎮為主要的考察空間

謝瑞隆　著

目次

第一章　客家族群在彰化縣東南區的入墾⋯⋯⋯⋯⋯⋯ 1

　　第一節　客裔移墾彰化縣東南區的歷史脈絡⋯⋯⋯⋯⋯ 3

　　　　一　清治時期⋯⋯⋯⋯⋯⋯⋯⋯⋯⋯⋯⋯⋯⋯⋯ 4

　　　　二　日治時期⋯⋯⋯⋯⋯⋯⋯⋯⋯⋯⋯⋯⋯⋯⋯ 17

　　第二節　前人研究概況與本文研究方法⋯⋯⋯⋯⋯⋯⋯ 18

　　　　一　前人研究概況⋯⋯⋯⋯⋯⋯⋯⋯⋯⋯⋯⋯⋯ 19

　　　　二　本文的研究方法⋯⋯⋯⋯⋯⋯⋯⋯⋯⋯⋯⋯ 22

第二章　田尾鄉客裔族群的分佈之考察⋯⋯⋯⋯⋯ 25

　　第一節　田尾鄉的開發與客家族群入墾概況⋯⋯⋯⋯⋯ 27

　　第二節　田尾鄉客裔的分佈⋯⋯⋯⋯⋯⋯⋯⋯⋯⋯⋯ 32

　　　　一　曾厝崙⋯⋯⋯⋯⋯⋯⋯⋯⋯⋯⋯⋯⋯⋯⋯⋯ 33

　　　　二　溪畔⋯⋯⋯⋯⋯⋯⋯⋯⋯⋯⋯⋯⋯⋯⋯⋯⋯ 41

　　　　三　打廉⋯⋯⋯⋯⋯⋯⋯⋯⋯⋯⋯⋯⋯⋯⋯⋯⋯ 45

　　　　四　柳樹湳⋯⋯⋯⋯⋯⋯⋯⋯⋯⋯⋯⋯⋯⋯⋯⋯ 50

　　　　五　海豐崙⋯⋯⋯⋯⋯⋯⋯⋯⋯⋯⋯⋯⋯⋯⋯⋯ 53

　　　　六　鎮平⋯⋯⋯⋯⋯⋯⋯⋯⋯⋯⋯⋯⋯⋯⋯⋯⋯ 60

　　　　七　厝仔⋯⋯⋯⋯⋯⋯⋯⋯⋯⋯⋯⋯⋯⋯⋯⋯⋯ 69

　　　　八　小紅毛社⋯⋯⋯⋯⋯⋯⋯⋯⋯⋯⋯⋯⋯⋯⋯ 72

九　新厝仔 ·· 77

十　三十張犁 ·· 81

十一　饒平厝 ··· 87

第三章　田中鎮客裔族群的分佈之考察 ············ 91

第一節　田中鎮的開發與客家族群入墾概況 ············ 93

第二節　田中鎮客裔的分佈 ····························· 97

一　大紅毛社 ·· 97

二　卓乃潭 ·· 100

三　大新 ·· 105

四　內三塊厝 ·· 109

五　內灣 ·· 115

第四章　田尾鄉、田中鎮以及鄰近鄉鎮客裔聚落的 分佈 ·· 119

第一節　田尾鄉、田中鎮客裔聚落的分佈 ············· 121

一　各姓氏客裔在田尾鄉、田中鎮的分佈 ·········· 121

二　田尾鄉、田中鎮客裔聚落的分佈 ·············· 135

第二節　田尾鄉、田中鎮周遭客裔聚落的分佈情形 ······ 141

一　溪州鄉水尾 ···································· 143

二　溪州鄉三條圳與外潮洋厝 ···················· 143

三　溪州鄉菜公、新厝、竹圍 ···················· 144

四　溪州鄉潮洋厝 ·································· 145

五　北斗鎮、溪州鄉交界的「溪底」 ·············· 146

六　溪州鄉岸角 ···································· 147

第三節　彰化縣東南區的客裔聚落分佈 ··············· 148

第五章　彰化縣東南區客裔聚落民居與土地信仰空間的特色⋯⋯⋯⋯⋯ 151

第一節　聚落型態：居住型態多為血緣性的集結村落⋯⋯⋯ 153
　　一　聚落型態：居住型態多為血緣性的集結村落 ⋯ 153

第二節　傳統住屋合院的空間格局與特點⋯⋯⋯⋯⋯⋯ 157
　　一　合院以祖堂（公媽廳）為核心，正屋與橫屋
　　　　大多分離，呈現「圍屋」型態 ⋯⋯⋯⋯⋯⋯ 157
　　二　祭祀空間正廳以祭祀祖先為主或分設神明廳、
　　　　祖堂⋯⋯⋯⋯⋯⋯⋯⋯⋯⋯⋯⋯⋯⋯⋯ 162
　　三　祖牌均書明郡望堂號或歷代先人，牌位上女性
　　　　或稱「孺人」⋯⋯⋯⋯⋯⋯⋯⋯⋯⋯⋯⋯ 166
　　四　正廳棟對聯句反映達重文教的客家風尚 ⋯⋯ 169

第三節　客裔族群的土地神信仰與特色⋯⋯⋯⋯⋯⋯⋯ 170
　　一　土地神的祭祀型態⋯⋯⋯⋯⋯⋯⋯⋯⋯⋯ 170
　　二　重視風水，土地公廟後多築有化胎 ⋯⋯⋯⋯ 173
　　三　土地神與大樹、石頭信仰的複合⋯⋯⋯⋯⋯ 185

第六章　彰化縣東南區客裔聚落民俗祀神的特點 ⋯⋯ 191

第一節　彰化縣東南區客裔聚落的俗神信仰型態⋯⋯⋯ 193

第二節　閩粵流行的神明信仰之傳衍：媽祖信仰⋯⋯⋯ 195
　　一　龍潭龍門宮⋯⋯⋯⋯⋯⋯⋯⋯⋯⋯⋯⋯ 196
　　二　溪畔朝天宮⋯⋯⋯⋯⋯⋯⋯⋯⋯⋯⋯⋯ 197
　　三　陸豐村天壽宮⋯⋯⋯⋯⋯⋯⋯⋯⋯⋯⋯ 198
　　四　柳樹湳鳳聖宮⋯⋯⋯⋯⋯⋯⋯⋯⋯⋯⋯ 199
　　五　新厝仔聖玄宮⋯⋯⋯⋯⋯⋯⋯⋯⋯⋯⋯ 200

　　　六　「枋橋頭七十二聯庄媽祖信仰系統」與
　　　　　「南瑤宮會媽會系統」……………………………200
　　　七　小結……………………………………………………202
　第三節　客裔原鄉地緣性信仰：三山國王信仰……………203
　　　一　三條圳三千宮……………………………………205
　　　二　海豐崙沛霖宮……………………………………206
　　　三　鎮平鎮安宮……………………………………207
　　　四　曾厝崙廣霖宮……………………………………208
　　　五　溪畔朝天宮──副祀巾山國王………………209
　　　六　三十張犁北玄宮──副祀獨山國王…………210
　　　七　小結……………………………………………………211
　第四節　客裔原鄉到在地傳衍：玄天上帝………………212
　　　一　竹圍北聖天宮……………………………………213
　　　二　打簾受武宮……………………………………214
　　　三　崁頂晉天宮……………………………………215
　　　四　河壩底廣福宮……………………………………216
　　　五　曾厝崙肇天宮……………………………………216
　　　六　新厝仔聖玄宮……………………………………217
　　　七　小結……………………………………………………218
　第五節　客裔原鄉血緣性信仰：鍾馗爺信仰……………219
　第六節　台灣本島傳衍的神明信仰：恩主公信仰、開臺聖王
　　　　　信仰……………………………………………………224
　　　一　恩主公信仰……………………………………224
　　　二　開臺聖王（國姓爺）…………………………232

第七章　結論………………………………………………………235
　　　一　客裔移墾彰化縣東南區的歷史脈絡與空間分佈·236

二　彰化縣東南區客裔聚落與傳統民居 ……………… 237

三　彰化縣東南區客裔聚落的土地神信仰特色 …… 237

四　彰化縣東南區客裔聚落民俗信仰的特點 ……… 238

徵引資料……………………………………………… 241

第一章
客家族群在彰化縣東南區的入墾

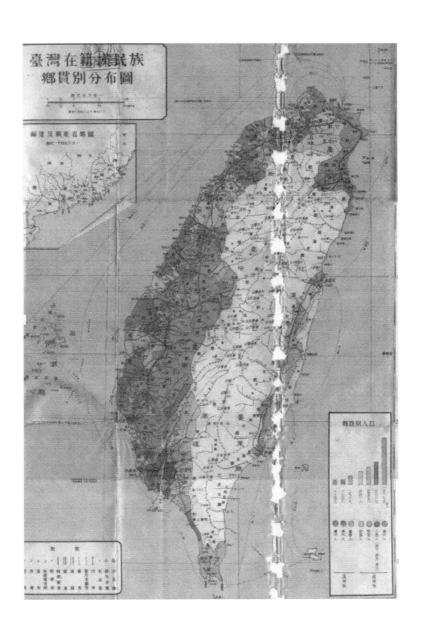

　　明末清初以降，客家人群陸續移入臺灣開墾，其拓墾足跡遍及現今彰化縣各地。經過二、三百年的發展，彰化縣客家人受到福佬文化的深刻影響，目前他們幾乎不會說客語，大多數人也不知道自己是客裔，甚至不認同自己是客家人，成為臺灣特殊的隱性族群，或被稱為福佬客。

　　本研究論文擬以彰化縣客裔分佈最多元化的東南區：北斗鎮、田尾鄉、溪州鄉、田中鎮、二水鄉等五鄉鎮作為考察點，本區五鄉鎮地處濁水溪流域下游平原的輻射點，屬於濁水溪水系的東螺溪、清水溪、三條圳溪以及「臺灣三大古老埤圳」——八堡一圳、八堡二圳便是由此區輻射而漫流彰化平原，水源豐沛的優勢條件，清代初期即已吸引許多漢人入墾，其中不乏許多客家人前來。日本統治台灣後，興建築濁水溪堤防，日人將濁水溪主流東螺溪的水源截斷而引入西螺溪，原來東螺溪河床溪埔地浮現，吸引許多台灣北部桃竹苗客家人移墾。總地來說，彰化縣東南區聚合了許多閩粵客家人以及台灣北部二次移民的客家人先後移住定居，形成了豐富而多元的族群文化，各聚落異中有同、同中有異的文化形態是值得關注的。因此本研究論文嘗試透過文獻梳理、田野調查與族群文化比較，大規模而較完整地調查統計日治時期田尾鄉、田中鎮各大小字聚落的戶口調查簿資料來分析各聚落主要姓氏宗族的祖籍與族群歸屬，並詳實地針對田尾鄉、田中鎮各聚落人文面向進行完整的踏查；在這樣的基礎下，再輔以溪州鄉、北斗鎮、二水鄉較為顯見的客裔聚落，從而分析本區客裔民俗文化的特點，冀以彰顯本區客裔文化的地域性表現。

　　本章擬先掌握客裔移墾濁水溪流域彰化縣東南區的歷史脈絡，進一步整理分析目前學界對於彰化縣東南區客裔的研究，從而述及本文研究方法，開展相關的研究論題，以逐步發現彰化縣東南區客裔的分佈情形與客家文化傳衍。

第一節　客裔移墾彰化縣東南區的歷史脈絡

　　明末清初閩粵漢人陸續移入臺灣開墾，其中又以來自福建省泉州府、漳州府以及廣東省潮州府等地的福佬人、客家人為多，從而構成了清代台灣漢人的三大人群分類：泉州人、漳州人、客家人。基本上泉州人、漳州人以福佬人為主，客家人主要來自漳州南端以及廣東省東北端。關於客家族群移民臺灣的歷史脈絡，《臺灣客家族群史‧語言篇》：

> 客家人東遷臺灣的時間，開始在康熙二十年代，盛於雍正、乾隆年間。這些客家人，以嘉應州屬（包括鎮平、平遠、興寧、長樂、梅縣等縣）的客家人佔最多數，約佔全部客家人口總數的二分之一弱。其次，為惠州府屬（包括海豐、陸豐、歸善、博羅、長寧、永定、龍川、河源、和平等縣）的客家人，約佔四分之一。再其次，為潮州府屬（大埔、豐順、饒平、惠來、潮陽、揭陽、海陽、普寧等　縣）的客家人，約佔五分之一強。而福建汀州府屬（包括永定、上坑、長汀、寧化、武平等縣）的客家人較少，約佔十五分之一。另有漳州府（包括南靖、平和、詔安等縣）早年來臺，約佔全臺灣人口百分之十七。今僅剩雲林二崙、崙背中年以上會說詔安客話。[1]

客家族群移墾臺灣遍及各地，並非侷限於台灣本島北部桃竹苗地區或南部高屏六堆地區，只是台灣中部客家族群的生存環境與福佬人多有接連，不同語系族群的互動更加頻繁，在形勢比人強的現實環境中，台灣中部大多客家人選擇學習或融入福佬文化與說福佬話，久而久之

---

[1]　羅肇錦，《臺灣客家族群史‧語言篇》（南投市：臺灣省文獻委員會，2000年），頁40。

許多客家人的客家文化傳承弱化，甚至不會講客家話，後代子孫已然忘了己身為客家人後裔的事實。臺灣學者林衡道先生把南彰化一群改用閩南話而被閩南化的客家後裔稱以「福佬客」。

臺灣最大的福佬客地區在濁水溪下游的兩岸平原，也就是彰化縣員林、埔心、永靖、田尾、大村以及雲林縣西螺、崙背、二崙等地；這群客家人福佬化的過程與清代以頻仍的閩客族群械鬥有關，居於弱勢客家人為了自保以及生存的需要，學習閩南語來與福佬人交流，漸次融合於福佬語言與文化系統，從而語言、生活習俗趨於福佬文化的形式。彰化縣為福佬客族群的大本營，據調查彰化縣的客屬估計約為十萬人以上。[2]彰化縣福佬客聚居地則以其以田尾、員林、埔心、永靖、竹塘等地為主，大村、社頭、溪州、二林、埤頭、溪湖、北斗、田中、二水等鄉鎮則為散居。關於客家族群在彰化縣東南區的開墾，主要可以分成清治時期、日治時期來加以呈現。

一　清治時期

早期到彰化平原拓墾的客家人，就是以來自潮洲、饒平等朽客仔為多，生活的四周儘是福佬，為生存計，也是出門講福佬話，回家講客家話，久而久之，客語消失殆盡。[3]彰化區的客家人，大都來自廣東潮州饒平，其次為福建漳州詔安，其次為漳州平和龍溪。[4]彰化區的客家人拓墾，最集中區是埔心、永靖及田尾三鄉與其相連的員林鎮大部分、社頭鄉一部分，溪湖鎮、大村鄉；另外，西螺溪北岸的竹塘鄉、溪州鄉也有客家人移墾定居，這些在清朝入墾的客家人在

2　參見郭伶芬，〈清代彰化平原福客關係與社會變遷之研究──以福佬客的形成為線索〉，《臺灣人文生態研究》第4卷第2期，2002年7月。該文推論彰化縣26鄉鎮的客家人口數約莫165,203人。

3　羅肇錦，《臺灣客家族群史‧語言篇》，頁115。

4　羅肇錦，《臺灣客家族群史‧語言篇》，頁118。

百年前已多半逐漸福佬化了。

　　關於清代客家族群在彰化縣東南部的入墾情形，北斗鎮、田尾鄉、田中鎮、溪州鄉、二水鄉都有客裔拓墾的足跡。從目前所掌握的相關文獻、方志、祖譜等史料來略加彙整分析與推論，清代時期客家族群入墾彰化縣東南區的人物家族有：

　　1. 粵籍墾首黃利英於康熙54年（1715）招募同籍佃戶進入東螺西堡一帶拓墾。[5]

　　2. 粵籍墾首黃仕卿康熙60年（1721）招墾民開闢十五莊圳（即今八堡二圳）。[6]

　　3. 許姓來臺祖許若麟於清康熙年間入墾今彰化田中，雍正年間許高、日照父子入墾今田中，乾隆年間許質樸、許利、許會入墾今田中，乾隆年間許孟旭、煦日等入墾今二水，許姓族人祖籍為福建漳州府南靖縣。[7]

　　4. 吳姓來臺祖陸豐九世吳汝瞻於清康熙年間來臺住海豐崙（原居住今田尾鄉陸豐村派出所址），後裔多遷居海豐村。[8]

　　5. 吳姓來臺祖吳式鴻於康熙年間入墾今彰化田尾，祖籍為廣東惠州府陸豐縣。[9]

　　6. 陳姓來臺祖九世陳聲榮、陳聲照兄弟及其兄弟叔孫於清康熙年間遷臺到永靖鄉五福、港西一帶，並拓衍至溪畔、曾厝崙，祖籍為廣東省潮州府饒平縣廠埔鄉眠雍寨。[10]

　　7. 呂姓來臺祖十世呂如璋於康熙末葉入墾社頭湳雅庄，後裔族人

5　參見臨時台灣土地調查局，《台灣土地慣行一斑》（台北：南天書局，1998年7月初版），頁52-53。

6　參見周璽，《彰化縣誌》（彰化市：彰化縣文獻委員會，1993年3月再版），頁157。

7　參見楊緒賢，《台灣區姓氏堂號》（台北：台灣新生報社，1980年4月再版），頁223。

8　吳銅，《吳氏大族譜》（台中：新聲文化出版社，1975年12月4版），頁人352。

9　參見楊緒賢，《台灣區姓氏堂號》，頁211。

10　參見《繩武堂陳武平公族譜》（彰化：繩武堂，1962年），頁23。

分佈在田中、社頭、員林等地，祖籍為福建省南靖縣永豐里書洋社龍潭樓。[11]

8. 盧姓來臺祖十三世盧俊屬大興公派下，於康雍年間渡海來臺，入墾田中地區沙崙里，祖籍為福建省漳州府平和縣滴仔家庄。[12]

9. 林姓來臺祖來臺祖二十一世林元興、林元盛屬西河堂林永登派下，於雍正5年（1727）渡海來臺，定居於彰化縣武西保曾厝崙。[13]

10. 詹姓來臺祖饒平十五世詹廷俊於雍正年間渡臺墾殖彰化縣田尾鄉，原籍為廣東省潮州府饒平縣元歌都三饒鄉。[14]

11. 劉姓來臺祖劉寧堂於雍正年間入墾今彰化田中，祖籍為廣東潮州府饒平縣。[15]

12. 羅姓來臺祖羅泉於雍正5年（1727）入墾新庄仔庄，祖籍為廣東。[16]後來將土地賣讓與漳州人廖玉等。[17]

13. 蕭姓來臺祖蕭奮派下眾子孫於雍正、乾隆年間先後入墾今彰化社頭、田中一帶，蕭滿泰派下眾子孫也隨後於乾隆年間先後入墾社頭、田中一帶，祖籍為福建漳州府南靖縣。[18]

14. 邱姓來臺祖二十三世邱懷德於雍正、乾隆年間渡臺，育下五子，長房傳於田尾海豐崙，祖籍為廣東省潮州府饒平縣。[19]

15. 巫姓來臺祖二十二世巫文英於乾隆初葉入墾彰化縣武西堡鎮

---

11 參見呂姓族譜編纂委員會，《呂姓大宗譜》（臺中：編者，1975年），頁85-87。

12 盧俊華主編、盧氏大族譜編輯委員會編，《盧氏大族譜》（臺中：創譯出版社，1972年），頁40-41。

13 參見《西河堂永登公派下族譜》（1987年）。

14 參見詹玉柱、詹仁道主編，《詹氏族譜》（彰化：彰化縣詹氏宗親會，1993年），頁系79。

15 參見楊緒賢，《台灣區姓氏堂號》，頁214。

16 參見臨時台灣土地調查局，《台灣土地慣行一斑》，頁54。

17 參見宋增璋，《台灣撫墾志》（南投：台灣省文獻會，1980年），頁173-174。

18 參見楊緒賢，《台灣區姓氏堂號》，頁269。

19 鄉民代表邱沛澤族裔族譜家藏本。

平庄，原籍為廣東省潮州府揭陽縣。[20]

16. 邱姓來臺祖二十三世邱華循於乾隆年間移居東螺保三十張犁庄，原籍為廣東省潮州府饒平縣坅子鄉（今屬饒洋鎮）。[21]

17. 邱姓來臺祖二十三世邱華佑於清乾隆年間攜子渡臺，與永靖鄉忠實渡臺祖邱華循是同祖父的堂兄弟。邱華佑初居彰化縣永靖鄉湳垹村，後遷至田尾鄉，原籍為廣東省潮州府饒平縣水口社（今屬饒洋鎮）。[22]

18. 莊姓來臺祖為十六世莊喜生，乾隆後期莊宜川攜妻施恩、兒喜生渡臺，莊宜川至海浦身亡，僅母子渡臺曾厝崙。[23]

19. 薛姓來臺祖九世薛敦朴，乾隆時代來臺，十二世祖遷移鎮平，原籍為廣東省潮州府吉祥縣。[24]

20. 彭姓來臺祖二十世彭肇華、彭朴茂於清道光年間由大陸來臺，原籍為廣東省潮州府豐順縣，拓墾三十張犁。[25]

21. 羅姓來臺祖九世羅廷祿以及十一世羅正直拓墾打廉、柳樹湳，原籍為為漳州府南靖縣。[26]

22. 張姓來臺祖九世張報恩來拓墾打廉，祖籍為廣東省潮州府饒平縣溪垹張。[27]

---

20 巫碧蓮纂修，《巫氏世傳大族譜》（1929年5月再修）。

21 詳見永靖忠實第《邱氏族譜》家藏本，此一份資料記載：「公在內地去世有年，家頗困乏。姚之外家在臺灣致成家業。姚因挈其長次二子渡臺往依焉，初住彰化縣深坑子塗庫，後移居東螺保三十張犁庄，為來臺始祖姚。二十三世祖華循公生五子，雍正七年生，乾隆五十四年終，享壽六十一歲，葬三十張犁尾埔，進田尾庄。」。

22 賴振興、賴銘鍵主編，《丘邱大族譜》（嘉義：丘邱大族譜編輯委員會，1987年），頁系1。

23 莊貞夫（退休教師）提供，2013年1月5日採訪。

24 參見薛義郎主編，《薛氏手抄譜》。

25 參見《彭氏族譜來臺開居祖二十世肇華公後代子孫錄》，1974年。

26 邱彥貴等編撰，《彰化縣客家族群調查》（彰化：彰化縣文化局，2005年8月），頁133。

27 《清河堂手抄族譜》（1983年）。

23. 張姓來臺祖來臺拓墾饒平厝庄，祖籍為廣東省饒平縣。[28]

24. 賴姓來臺祖十六世賴昌胤拓墾打廉，祖籍為廣東省潮州府饒平縣絃歌都牛皮社上坪鄉。[29]

25. 賴姓來臺祖十五世賴薦，下傳馬家、馬親、馬藤三房，屬於心田薦公支派下，馬藤派下傳衍田中鎮大崙里，祖籍為福建漳州平和縣心田。[30]

26. 盧姓來臺祖十二世盧崇德，下傳十三世龍仁，十四世純惠。[31]盧崇德等先居員林地區，清中葉以後，部份族人遷居今田中東源里地區，祖籍為廣東省潮州府揭陽縣林田都竹橋社（霖田都應為今廣東省揭西縣河婆）。[32]

27. 游姓來臺祖開臺祖十三世游文生、游敏堆入墾田中地區，祖籍為福建省漳州府南靖縣下社鄉。[33]

28. 周姓來臺祖八世周戊坤公來臺於二林，遷徙16處，終於在田尾鄉打廉庄建基立業，祖籍為廣東省惠州府陸豐縣田心在黑尾鄉八萬黑石股。[34]

29. 廖姓來臺祖八世祖振奎公之長旭廷公，往崙背東勢厝，次欽佑公往羅厝庄田心仔、三座厝、楊賢庄、三條圳、茄苳仔。[35]

---

28 參見葉爾建等撰述，《臺灣地名辭書・彰化縣》（南投：國史館臺灣文獻館，2004年），頁835。

29 賴得，《賴氏族譜》。

30 賴氏大族譜編輯委員會編，《賴氏大族譜》（臺中：臺中賴羅傅宗親會，1968年），頁33。

31 盧俊華主編、盧氏大族譜編輯委員會編，《盧氏大族譜》，頁系36-37。

32 盧俊華主編、盧氏大族譜編輯委員會編，《盧氏大族譜》，頁36-37。

33 何金賜主編，《臺灣游氏族譜》（臺中：臺灣省各姓淵源研究學會，1988年），頁98-99。

34 參見何金賜主編，《增修版汝南周氏大族譜》（台中太平：周氏大族譜編纂委員會，1983年8月），頁增84。

35 參見廖丑，《雲林縣廖氏大族譜》（雲林：雲林縣元子張廖姓宗親會，1992年），頁408。

承上所列，清代已經有不少客家入墾移居彰化縣東南區各聚落，因著時勢的變遷與現實環境考量，客裔人群移入或移出本區各聚落，逐漸形成客裔在彰化縣東南區的分佈面貌。下表1-1依據明治35年（1902）〈臺灣發達ニ關スル沿革調查ノ件〉裡面載錄臺灣各街庄聚落的人口數以及祖籍人群分佈的資料，可以略窺清末彰化縣東南區的人群組成與祖籍，從而可以略窺清末北斗鎮、田尾鄉、溪州鄉、田中鎮、二水鄉等五鄉鎮各聚落的祖籍地與族群分佈，相關資訊大致如下：

表 1-1：清末彰化縣東南區各街庄人群戶數與祖籍

行政區劃			祖籍人群分布（戶數）						
堡區名	街庄社名	現今行政區	泉州	漳州	廣東	熟番	戶數	總人數	備註
北斗區	北斗街	北斗鎮街區	892	21	5		918	5189	
	北斗庄	北斗鎮街區東側	164				164	771	
	北勢寮庄	北斗鎮街區西側	327				327	2083	
	新興庄	—	—	—	—	—	—	—	
	溪仔頂庄	田尾鄉溪頂村	47	1	36		84	477	
	十張犁庄	田尾鄉正義村	33	12			45	228	
	羅厝庄	田尾鄉溪頂村	13		16		29	135	
	三十張犁庄	田尾鄉仁里村	99	4	6		109	141	
	八張犁庄	—	—	—	—	—	—	—	
外三塊厝區	外三塊厝庄	田中鎮三民里	111				111	528	

行政區劃			祖籍人群分布（戶數）						
堡區名	街庄社名	現今行政區	泉州	漳州	廣東	熟番	戶數	總人數	備註
	車路口庄	田尾鄉饒平村	23		4		27	161	
	中埔庄	田尾鄉睦宜村	9	1			10	58	
	目宜庄	田尾鄉睦宜村	43		2		45	207	
	十張犁庄	田中鎮三民里	52				52	200	
	饒平庄	田尾鄉饒平村	18	4	7		29	178	
	番仔洋庄	—	—	—	—	—	—	—	
	悅興街庄	—	—	—	—	—	—	—	
	瓦磘仔庄	—	—	—	—	—	—	—	
	中圳仔庄	北斗鎮中和里		65			65	325	
	內圳仔庄	北斗鎮中和里	27				27	70	
海豐崙區	海豐崙街	田尾鄉海豐村、陸豐村	5	4	157		166	1035	
	打廉庄	田尾鄉打廉村	12	35	49		96	498	
	柳樹湳庄	田尾鄉柳鳳村	8	19	25		52	270	
	田尾庄	田尾鄉田尾村	45	49	45		139	687	
	溪畔庄	田尾鄉溪畔村	8		56		64	448	

行政區劃			祖籍人群分布（戶數）						
堡區名	街庄社名	現今行政區	泉州	漳州	廣東	熟番	戶數	總人數	備註
	英仔庄		13		2		15	86	
永靖區	鎮平庄	田尾鄉北鎮村、南鎮村	1	10	139		150	789	
	曾厝崙庄	田尾鄉北曾村、南曾村	1	55	70		126	1054	
	南路厝庄	田尾鄉新生村	38		23		61	328	
	小紅毛社庄	田尾鄉福田村		35	3		38	249	
	新厝仔庄	田尾鄉新興村	5	14	19		38	254	
舊眉區	舊眉庄	溪州鄉舊眉村	86	1			87	386	
	溪洲庄	溪州鄉溪州村	118	1	1		120	685	
	尾厝庄	溪州鄉尾厝村	50				50	248	
	外潮洋厝庄	溪州鄉三條村	23	12	24		59	118	
	內潮洋厝庄	溪州鄉潮洋村	67	8	54		129	677	
	湳堵庄	溪州鄉張厝村	12	4	14		30	106	
	瓦厝庄	溪州鄉瓦厝村	13	48	1	1	63	356	
	茄苳腳庄	溪州鄉瓦厝村	9				9	48	

行政區劃			祖籍人群分布（戶數）						
堡區名	街庄社名	現今行政區	泉州	漳州	廣東	熟番	戶數	總人數	備註
	三條圳庄	溪州鄉三條村、三圳村	35	19	54		108	697	
下霸區	下霸庄	溪州鄉成功村	86				86	484	
	石塔庄	溪州鄉西畔村	4	17			21	95	
	西畔庄	溪州鄉西畔村	30	2			32	151	
	下寮庄	溪州鄉成功村	26				26	158	
	頂寮庄	溪州鄉大庄村	16				16	101	
	過溪庄	溪州鄉柑園村	48				48	208	
	松仔腳庄	溪州鄉大庄村	46				46	241	
	下水埔庄	溪州鄉榮光村	64				64	402	
	半廊仔庄	溪州鄉柑園村	13	2	4		19	82	
	圳寮庄	溪州鄉圳寮庄	66				66	394	
牛稠子區	溪墘厝庄	溪州鄉溪墘村	4	107			111	947	
西螺區	菜公溝庄	溪州鄉菜公村		18			18	81	
	水尾庄	溪州鄉水尾村		91			91	473	

行政區劃			祖籍人群分布（戶數）						
堡區名	街庄社名	現今行政區	泉州	漳州	廣東	熟番	戶數	總人數	備註
	新厝庄	溪州鄉菜公村		27			27	114	
卓乃潭區	卓乃潭庄	田中鎮中潭里	1	98	1		100	662	
	良吉庄	田中鎮龍潭里		9	1		10	36	
	大紅毛社	田中鎮大社里		20	15		35	208	
	田中央	田中鎮街區	1	54			55	384	
	排仔路頭庄	田中鎮大社里		18	5		23	117	
	崁頂庄	田中鎮頂潭里	2	83	1		86	552	
	內灣庄	田中鎮東源里、碧峰里	2	134	6		142	813	
	大新庄	田中鎮南路里		18			18	72	
	小新庄	田中鎮新庄里		97			97	495	
	後仔庄	田中鎮碧峰里	11	3			14	90	
	香山庄	田中鎮香山里		25	1		26	165	
	三塊厝庄	田中鎮沙崙里	37	8	6		51	336	
	姜仔寮坑庄	田中鎮復興里		19			19	105	

行政區劃			祖籍人群分布（戶數）						
堡區名	街庄社名	現今行政區	泉州	漳州	廣東	熟番	戶數	總人數	備註
	江西寮庄			31			31	175	
	普興庄	田中鎮復興里	1	53			54	360	
	石厝庄	田中鎮復興里		24			24	172	
許厝寮區	大平庄	田中鎮平和里		136	1		137	894	
沙仔崙區	沙仔崙街	田中鎮沙崙里	304	16	4		324	1818	
	大興（新）庄	—	—	—	—	—	—	—	
	圳仔墘庄	—	—	—	—	—	—	—	
	七張犁庄	田中鎮沙崙里	40				40	290	
	同安寮庄	田中鎮三安里	11	36			47	285	
	內三塊厝庄	田中鎮三安里	3	28			31	174	
	大崙尾庄	田中鎮大崙里	20	45			65	411	
	四塊厝庄	田中鎮大崙里	64	19			83	575	
	五百步庄	二水鄉五伯村		30			30	203	
	六甲庄	田中鎮新民里	12	5	2		19	120	

行政區劃			祖籍人群分布（戶數）						
堡區名	街庄社名	現今行政區	泉州	漳州	廣東	熟番	戶數	總人數	備註
	梅洲庄	田中鎮梅州里	16					80	
	過圳庄	二水鄉過圳村	1	34			35	252	
	坑口庄	二水鄉復興村	10	33			43	388	
	坑內庄	二水鄉合和村			76		76	509	
	十五庄	二水鄉十五村	3	39			42	301	
	番仔田庄	二水鄉合和村	8	21			29	217	
	海豐寮庄	二水鄉上豐村	2	47			49	316	
	桃仔尾庄	二水鄉合和村		23			23	131	
二八水區	二八水街	二水鄉街區	55	273			318	1923	
	福興庄	二水鄉惠民村	21	195			216	1336	
	大坵園庄	二水鄉大園村		2			2	5	
	鼻仔頭庄	二水鄉源泉村		4			4	14	
	番仔寮庄	二水鄉修仁村		6			6	17	
	清水庄	二水鄉合興村		3			3	8	

行政區劃			祖籍人群分布（戶數）						
堡區名	街庄社名	現今行政區	泉州	漳州	廣東	熟番	戶數	總人數	備註
	苦苓腳庄	二水鄉合興村	4				4	15	
	桃仔園庄	—	—	—	—	—	—	—	
	坑仔內庄	二水鄉源泉村	1				1	3	
	頂厝仔庄	二水鄉倡和村	5				5	13	
	松柏坑庄	二水鄉上豐村	3				3	7	

資料來源：〈臺灣發達ニ關スル沿革調查ノ件〉，明治35年（1902）

　　日治時期以降，「客家人＝廣東籍」、「福佬人＝福建籍＝閩南人」的觀點頗為流傳，實質上客家人並不能以行政地理區的概念來複合，福建省汀州府、漳州府南緣也是客家人聚居之地，然日治時期客家人為粵籍、福佬人為閩籍的民間知識已成，因此許多日治時期以來的人群祖籍統計資料於是存在訛誤，如閩南客家人填為廣東籍，抑或廣東籍福佬化的客家人而填為閩籍，此等訛誤狀況所在多有。然而依循這些統計的分類概念，大致上可以推論此等人群祖籍資料若填寫為廣東籍大概就是客家人。緣於這樣的推論，我們大致可以勾勒清末客裔在彰化縣東南區的分佈情形：

　　1. 北斗鎮：各聚落幾乎都是泉州籍，客裔相當少。

　　2. 田尾鄉：海豐崙街、溪畔庄、鎮平庄、曾厝崙庄大多為廣東籍，應當是客家庄無誤；新厝仔庄、柳樹湳庄、南路厝庄等聚落的廣東籍幾乎都佔半數，客家人的比例應當也是過半；溪仔頂庄、羅厝庄也有不少廣東籍，應當也有一些客家人生活在其中。

　　3. 溪州鄉：三條圳庄、內潮洋厝庄、湳堵庄、外潮洋厝庄等聚落

戶數載錄為廣東籍都達四成以上，實際上這幾處聚落住了不少漳州府詔安縣的廖姓客裔，因此這些聚落的客家人應該都達半數以上。至於當時登載為西螺區的水尾庄、菜公溝庄、新厝庄人群全為漳州籍，實際上這幾處聚落住了不少漳州府詔安縣的鐘、廖姓客裔，這些聚落登載為漳州籍的人群應該也多數是客家人。

　　4. 田中鎮：大紅毛社聚落戶數載錄為廣東籍達四成以上，應當有將近半數的客家人生活其中；至於卓乃潭庄、良吉庄人群幾乎全為漳州籍，實際上這幾處聚落住了不少漳州府南靖縣的蕭、許姓客裔，這二處聚落登載為漳州籍的人群應該也多數是客家人。

　　5. 二水鄉：各聚落幾乎都是漳州籍夾雜少數泉州籍，僅坑內庄（二水鄉合和村）登錄為廣東籍。然經實地踏查，坑內庄為張姓血緣性聚落，祖籍福建省漳州府詔安縣二都景坑村（太平鎮景坑村），經考察為原鄉張姓講福佬話並自認為福佬人，當年坑內庄戶數皆載錄為廣東籍似有訛誤。

　　整體來說，經由上述資料的推斷，清末時期彰化縣東南區客裔的分佈主要在海豐崙街、溪畔庄、鎮平庄、曾厝崙、新厝仔庄、柳樹湳庄、南路厝庄（以上俱在今田尾鄉）、三條圳庄、內潮洋厝庄、湳堵庄、外潮洋厝庄、水尾庄、菜公溝庄、新厝庄（以上俱在今溪州鄉）、卓乃潭庄、良吉庄（以上俱在今田中鎮）。另，溪仔頂庄、羅厝庄（以上俱在今田尾鄉）也有一些客家人生活在其中。

二　日治時期

　　彰化平原除河洛化的客裔，係早在清朝之前即來拓墾者外，尚有一小部分才於日治初期，由桃竹苗移墾而來，從事製糖用甘蔗種植的佃農，他們均自成聚落，散居於二林、竹塘及埤頭的源成糖廠「七界」內，以及舊濁水溪堤防外河川地的「溪埔」上，人口總計僅約

5,655人。[36]

　　大正8年（1919），日人沿西螺溪（今濁水溪河道）築起堤防，把溪水全導向西螺溪，因此原舊濁水溪（東螺溪）河床形成廣大的新生地，日政府重視蔗糖生產，便在這裡設立糖廠與農場；因此許多溪埔新生地規劃為農場，如日人「神原四三生」所創的「神原農場」，北斗仕紳林生財經營的「下壩農場」，還有成功村鄭四蚶經營「圳寮農場」。[37]開墾溪埔新生地需要大批人力，農場方面於是向北部桃竹苗招募，因此不少桃竹苗客家移民來到彰化開墾舊濁水溪的新生地，其中溪州鄉西畔村、北斗鎮新生里一帶都因新生地的開墾而吸引桃竹苗地區的客家人二次遷居。

　　桃竹苗客家二次移民在溪州鄉西畔村廣一、廣二、廣三巷以及北斗鎮原東螺溪溪床形成「溪底」聚落，達百餘戶；另，成功村第15鄰因位處濁水溪堤防轉角處，地方俗稱為「岸角」的聚落也有20戶左右北部客家二次移民；另，溪厝村廣東巷、圳寮村溪埔也都各自有60戶的桃竹苗客家二次移民來此。[38]

第二節　前人研究概況與本文研究方法

　　在進行本文論析之前，尚有幾點問題必須先作一番說明、闡釋，促使學人對於本篇文章的研究背景能有所知悉。第一、為了方便讀者對於目前彰化縣東南區客裔的研究概況能有掌握，特以「前人研究成果檢討」來說明研究現況與趨勢，從而略見本篇論文的研究意義與承繼問題；第二、為了引導讀者閱讀本文，擬在文前先對本論文的研究

---

36 羅肇錦，《臺灣客家族群史・語言篇》，頁115。

37 參見邱彥貴等編撰，《彰化縣客家族群調查》（彰化：彰化縣文化局，2005年8月），頁300。

38 參見邱彥貴等編撰，《彰化縣客家族群調查》，頁12。

方法作一說明，從而窺見本文的研究價值與意義。

一　前人研究概況

　　近年來，臺灣客家文化意識覺醒，客家傳統文化逐漸受到重視，客家史料與相關調查研究之論文、報告數量，亦已逐漸增加。彰化縣係臺灣客家族群移民特殊地區，其人文與發展極具歷史意義，唯客家史料又已逐漸遺失亟需建立與保存。

　　這群福佬化的客裔在福佬文化與客家文化的交集下而形成特殊的文化特質，因此近來許多學人者陸續投入相關研究。以彰化縣的客裔研究來說，戴炎輝、陳棋炎等在1949年進行大村鄉田野調查時發現大村、埔心的黃姓、游姓是客屬，然已受閩南籍同化。1963年，林衡道來到員林進行田野調查，發現鄰近鄉鎮的張、許、邱、黃等大家族多為客籍，然為附近福佬人同化。[39]1970年代中央研究院民族學所執行「濁大計劃」，許嘉明探討員林、永靖、埔心等鄉鎮的族群，其〈彰化平原福佬客的地域組織〉稱：「文中的粵籍居民或客家人，是指祖籍來自地為廣東省，原本操客家方言的居民，由於這些客家居民已經福佬化，故稱之為福佬客。」[40]

　　1980年代後，更多學人投入彰化縣客裔的研究，湯熙勇、謝英從等人陸續對永靖的家族做縱橫深入的研究或全面普查，謝英從更以碩士學位論文《永靖——一個彰化平原的鄉鎮社區發展史》[41]全面探討永靖鄉的族群結構，其後張瑞和《永靖鄉土資料研究集》也詳述永靖

---

39 參見林衡道，〈員林附近的福佬客村落〉，《臺灣文獻》第14卷第1期，1963年，頁153。

40 許嘉明，〈彰化平原福佬客的地域組織〉，《中央研究院民族學研究所集刊》第36期，1973年，頁165

41 謝英從，《永靖——一個彰化平原的鄉鎮社區發展史》（台北：文化大學碩士論文，1991 年）。

鄉血緣宗祠、渡臺姓氏等課題。曾慶國《埔心鄉志》則普查埔心鄉人群祖籍，並在1997年完成出版《彰化縣三山國王廟》，[42]概觀彰化縣三山國王廟的信仰與其人群結構並涉及枋橋頭七十二聯庄課題。此外，李豐楙則發現中彰雲地區的福佬客的民間信仰中，仍保留了自成一系，有別於福佬人的「客仔師」道士系統。[43]賴志彰則以空間觀點解讀八卦山腳主流的漳州福佬客，調查發現彰化八卦山麓的福佬客傳統三合院民居。[44]楊名暖則以語言的使用去探討彰化、雲林粵籍、閩籍客家語言移轉的情形。吳中杰碩士學位論文《臺灣福佬客分布及其語言研究》也涉及彰化縣客裔的語言、祖籍、信仰等研究。[45]整體而言，1990年代以後，更多學人分別從宗族制度、居住空間、宗教信仰等多元面向來進行南彰化平原的福佬客研究。

　　進入21世紀後，2000-2010年期間，邱彥貴、吳中杰《臺灣客家地圖》[46]探討全台客家與福佬客的分佈情形，並提出南彰化許多住民仍具有「福佬為表，客家根柢」的文化特徵。陳嬿庄以碩士學位論文《臺灣永靖腔的調查與研究》[47]從語腔探討永靖一帶客裔的語言，郭伶芬〈清代彰化平原福客關係與社會變遷——以福佬客的形成為線索〉[48]、〈從三山國王到玄天上帝：彰化福佬客信仰之觀察〉[49]則透過民間信

---

42 曾國慶，《彰化縣三山國王廟》（彰化市：彰化縣立文化中心，1997年）。

43 參見李豐楙，〈臺灣中部「客仔師」與當地社會〉，《客家文化研討會》（苗栗：苗栗縣立文化中心，1993年）。

44 參見賴志彰，《彰化八卦山山腳路的民居生活》（彰化：彰化縣立文化中心，1997年）。

45 參見吳中杰，《臺灣福佬客分布及其語言研究》（台北：國立臺灣師範大學華語文教學研究所碩士論文，1999年）。

46 邱彥貴、吳中杰，《臺灣客家地圖》（台北：貓頭鷹出版社，2001年）。

47 陳嬿庄，《臺灣永靖腔的調查與研究》（新竹：國立新竹師範學院臺灣語言與語文教育研究所碩士論文，2003 年）。

48 郭伶芬，〈清代彰化平原福客關係與社會變遷之研究——以福佬客的形成為線索〉，《臺灣人文生態研究》第4卷第2期，2002年7月。

49 郭伶芬，〈從三山國王到玄天上帝：彰化福佬客信仰之觀察〉，《彰化文獻》第10期，2007年12月。

仰與族群的關係等面向來觀察彰化縣客裔的歷史變遷，其它又如吳正龍、邱美都、洪長源、魏金絨等人從各種角度調查、研究員林、永靖、溪州、二林等地的客裔族群。伴隨著彰化縣客裔研究的興起，2005年彰化縣文化局發行《彰化縣客家族群調查》，[50]集結邱彥貴、賴志彰、張瑞和、謝英從、吳正龍、洪長源、魏金絨、曾慶國等人從客裔分佈、信仰文化、語言變遷、生活空間等分析彰化縣客裔的族群特色，建立了一套相當珍貴的基礎資料。2005年11月，洪長源在《彰化縣客家族群調查》的基礎下，出版發行《溪州鄉客家地圖》，[51]較為詳細地呈現他在溪州鄉各聚落的田野調查成果，留下許多溪州鄉客裔分佈的珍貴資訊。

　　統而觀之，彰化縣東南區客裔的研究大多是旁涉的客體而已，《彰化縣客家族群調查》初步闡述客裔在彰化縣東南區的分佈，僅有洪長源《溪州鄉客家地圖》較完整地觀照溪州地區客家文化的傳衍。近來，隨著彰化縣客裔文化的研究日益興盛，更多的學者專家投入彰化縣東南區客裔的研究，2016年11月《彰化文獻》第21期[52]以「彰化客家族群文化」為主題，共蒐錄賴志彰〈彰化縣的客家住居生活空間與表達〉、謝瑞隆〈田尾鄉客裔族群的分佈〉、陳坤佐等〈溪州鄉客家二次移民調查暨客家文藝復興計畫〉等三篇論文述及彰化縣東南區客裔族群文化。2017年許世融、邱正略、程俊源等以利用日本時期各類檔案，並蒐集整理相關之土地開墾、產業發展等文獻、田野，討論客家再移民中部大安溪到濁水溪之間的歷史面向，出版發行《二十世紀上半大安到濁水溪間的客家再移民》。[53]

---

50 邱彥貴等編撰，《彰化縣客家族群調查》（彰化：彰化縣文化局，2005年8月）。

51 洪長源，《溪州鄉客家地圖》（彰化溪州：彰化縣溪州鄉公所，2005年11月）。

52 謝瑞隆主編，《彰化文獻》第21期（彰化：彰化縣文化局，2016年11月）。

53 許世融、邱正略、程俊源，《二十世紀上半大安到濁水溪間的客家再移民》（南投：國史館台灣文獻館，2017年10月）。

　　整體而言，彰化縣東南區客裔文化的研究資料仍然有待積累，本研究在既有的基礎上，進一步統觀分析彰化縣東南區客裔族群的聚落分佈，從而探討該區客裔傳衍的族群文化，以見濁水溪流域東南區客裔文化的地域性特點。

二　本文的研究方法

　　闡述前人研究成果之後，接著筆者將針對本論文的研究方法進行說明，彰顯本論文的研究特色與價值。下述，針對本論文所採用的研究方法作一簡單說明。

（一）歷史研究法

　　透過文獻資料蒐集，了解彰化縣東南區客裔的拓墾情形與聚落分佈、以及客家生活環境與民俗信仰。針對彰化縣東南區客家文化的歷史文獻進行縱向的匯整與研究，針對既有文獻整理分析，包含各客家族群文化的相關文獻史料之收集、分析，從而將現存的相關資料歸納出較適宜的詮釋。相關文獻資料的收集是本書刊研究的基礎工作，文獻資料的收集方向有：各方志專書、文化局刊行的地方刊物、民俗志等史料資料等等，需借助歷史學中史料解讀與文獻考據等方法來將龐雜資料攫取出具研究價值的部分以利研究的進行。

　　本計畫匯整歷來相關彰化縣東南區客家文化的文獻史料與采錄成果，將以彰化縣東南區作為蒐整對象，舉凡任何涉及彰化縣東南區客家族群的采錄或研究資料都列入蒐集範疇。透過文獻資料蒐集，了解彰化縣東南區客裔聚落發展情形以及客裔生活空間、信俗文化等。

（二）實踐研究法（田野調查）

　　透過實地踏勘以及訪談居民、當地耆老、社區組織領袖等，了解

彰化縣東南區客裔族群生活現況。為了真實體現彰化縣東南區客家文化的歷史風情與捕捉口述歷史、風土民情，透過實地踏勘以及訪談居民、當地耆老、社區組織領袖等，了解彰化縣東南區客裔族群生活現況。由於歷來台灣方志史料對於彰化縣東南區客家文化的載錄多力有未逮，因此本調查研究除了既有文獻的梳理之外，田野調查與口述歷史的取得便成為相當重要的輔助資料。本研究在經過資料收集後，將逐一針對每筆資料進行討論、分析；其後實際踏察彰化縣東南區各地，采錄各地流傳的地方記憶，對彰化縣東南區各地的客家文化之研究就能更具體、更深入。田野調查過程中，將訪地方仕紳、家族、文史社團等，蒐集彰化縣東南區客家族群相關的文史訊息。

（三）統計分析法

本文在探討清末彰化縣東南區各街庄人群戶數與祖籍以及日治時期現今田尾鄉、田中鎮各聚落的主要姓氏組成等課題，經由日治時期各大小字聚落的戶口調查簿資料，以戶長作為統計單位，來分析各聚落主要姓氏與其祖籍的統計資料。同時，本研究也透過統計量化來客觀化地分析彰化縣東南區客裔聚落的民俗文化之特點。

（四）多角度研究法

客家族群文化及民族學、民俗學、人類學、宗教、歷史、倫理學以及有的自然科學等，具有邊緣性，甚至交叉性，所以僅僅從史學、文學、美學的角度去研究是不夠的，必須採用多種多樣的方法來進行輔助性的研究。從不同的角度去研究彰化縣東南區客家文化，就能擴大視野、拓展思維空間，就會有新的發現、新的收穫。

第二章
田尾鄉客裔族群的分佈之考察

田尾鄉廣霖宮三山國王是客裔原鄉信仰的傳衍

　　田尾鄉與永靖鄉、埔心鄉、竹塘鄉堪稱是彰化縣客籍分佈的大本
營，田尾鄉出現「海豐崙」、「饒平」、「鎮平」等客籍地名，復以境內
有3座三山國王廟與多處三山國王信仰，似乎隱然存留了一些客屬的
墾拓痕跡。然而，目前關於田尾鄉的客家文獻記載相當貧乏，統而觀
之，田尾鄉客裔的研究多是旁涉的客體而已，僅有張瑞和在《彰化縣
客家族群分布調查》有一篇〈永靖、田尾的福佬客〉略述田尾鄉客裔
的分佈，其他學人多是討論永靖等鄰近鄉鎮而偶涉田尾鄉客裔族群；
大致而言，田尾鄉的客裔研究資料仍然相當有限，筆者曾於2016年發
表〈彰化縣田尾鄉客家族群的拓墾與分佈〉[1]一文，本章則在此基礎
下針對田尾鄉客裔族群分佈加以擴衍詳述，以見客家族群在田尾鄉歷
史開發的世系傳衍。

圖 2-1：彰化縣永靖鄉、田尾鄉交界處陳姓客裔興築陳氏家廟（繩武堂）

1　謝瑞隆，〈彰化縣田尾鄉客家族群的拓墾與分佈〉，《彰化文獻》第21期，2016年11
　　月，頁25-44。

第一節　田尾鄉的開發與客家族群入墾概況

緣於漢人在彰化縣東南隅的入墾與其聚落的形成，康熙60年（1721）清政府在現今彰化縣東南半部設置東螺保、大武郡保；雍正12年（1734），東螺保分為東螺東保、東螺西保，大武郡堡分為大武郡東堡及大武郡西堡（後簡稱武東堡及武西堡；現今田尾鄉饒平厝（饒平村）、睦宜（睦宜村）、田尾（田尾、豐田村）、海豐崙（海豐村、陸豐村）、溪畔（溪畔村）、打廉（打簾村）、柳樹湳（柳鳳村）劃入東螺東保，溪仔頂（溪頂村）、十張犁（正義村）、三十張犁（仁里村、新厝村）劃入東螺西保，曾厝崙（南曾村、北曾村）、鎮平（南鎮村、北鎮村）、厝仔（新生村）、小紅毛社（福田村、新興村）劃入武西保。

根據田尾鄉的一些古文書與來臺祖祖譜等資料，我們可以發現田尾鄉的開發相當早，如康熙50年（1711）福建臺灣海防總捕分府一紙示諭文：「據寡婦王氏，孤民黃賞、黃惠等狀呈前事，詞稱：痛氏遵斷闊得打廉莊租，自二十九年給墾，四十三年開墾，五十年報課，戶名黃元。」[2]從這紙古文書可知康熙後期打廉莊已逐漸形成。因此《諸羅縣志》記載：「康熙55年諸羅縣令周鍾瑄捐穀五十石，助庄民築打廉庄陂。」[3]顯見隨著入墾庄民的需求而開鑿埤圳，因而打廉庄成為彰南平原開發頗早的漢人庄頭。

整體而言，現今田尾鄉境的漢人拓墾與聚落的發展，當與十五庄圳（八堡二圳）的開鑿密切相關。八堡二圳係黃仕卿於清康熙60年（1721）完成開鑿，正式啟用。隨著八堡二圳的主線開鑿完成，吸引不少的漢人前來田尾鄉拓墾。因此清雍正年間以降，田尾鄉境的漢

2　臺灣銀行經濟研究室，《清代臺灣大租調查書》（台北：臺灣銀行經濟研究室，1963年），頁382。

3　周鍾瑄，《諸羅縣志》（臺北市：臺灣銀行經濟研究室，1962年），頁155。

人聚落陸續出現，其中幾處作為聚落間通衢的地方逐漸發展成為漢人聚落。

以現今田尾鄉境來說，清初舊縱貫古道大概從北斗街往北經睦宜、鎮平、紅毛社後，再接社頭、枋橋頭，以至於抵彰化街，因此漢人入墾這條舊縱貫古道上的據點是較早的，根據乾隆5年（1740）劉良璧《重修福建臺灣府志》，其時大武郡東保界內有紅毛社庄；東螺保界內則有睦宜庄等聚落。[4]乾隆29年（1764）余文儀《續修臺灣府志》中：大武郡東保界內有紅毛社庄，東螺保界內則有下打廉庄。[5]可以略窺清初時期這條南北縱貫古道上已出現睦宜、紅毛社等漢人庄頭。

除了睦宜、紅毛社外，在兩庄頭之間的鎮平庄也是開發極早的聚落，乾隆54年（1789）一紙退佃字：「立退佃字人鎮平莊佃劉天賜，偕姪萬魁，有承父祖劉如慶名下水田一甲二分二釐半正。因拖欠租粟，……」[6]說明鎮平至遲在清乾隆後期已發展成庄。

除了這條南北縱貫古道外，從北斗街往北尚有一條銜接打廉、關帝廳、大埔心的南北向舊古道，這條縱貫線因著八堡二圳的開鑿而成為漢人入墾的據點，如林元興、元盛於雍正年間前來曾厝崙拓墾、詹廷俊於雍正年間渡臺墾殖曾厝崙，因此嘉慶6年（1801）一紙招耕字：「立招耕字人業主蕭志振，因前年有劉家退佃水田一垺，坐落鎮平莊南勢，東至劉蔭田為界，西至曾厝崙大圳岸為界，南至范家田為界，北至蕭坤田為界，四至界址明白。……」[7]從這紙古文書可以發現曾厝崙至遲在嘉慶年間已成庄。此外，清治初期北斗街也有一條通鹿港的東西向古道，這條古道大抵由北斗街經饒平厝、田尾、三十張犁、海豐崙，再接溪湖、埔鹽，以至於抵鹿港街，因此漢人入墾這條

---

4 劉良璧，《重修福建臺灣府志》（台北：臺灣銀行經濟研究室，1961年），頁79-80。

5 余文儀，《續修臺灣府志》（台北：臺灣銀行經濟研究室，1962年），頁74。

6 臺灣銀行經濟研究室，《清代臺灣大租調查書》，頁269。

7 臺灣銀行經濟研究室，《清代臺灣大租調查書》，頁95-96。

舊古道上的據點也是較早的，如清雍正、乾隆年間邱懷德渡臺，懷德長房邱盛德入墾海豐崙。經由漢人的拓墾，清雍正5年（1727）一紙賣契：「立賣契字人丁作周，先年二次，有共墾得大武郡社土名濫港莊番地一所，東至巫厝莊田濫港東，至良迪莊為界，西北由海豐崙大車路為界，西南由良迪作墩分為界處至乾溪為界；四至明白為界。……」[8]可知海豐崙庄至遲在雍正年間已經形成。在饒平厝、海豐崙之間的三十張犁也居於此東西向通衢上而成為入墾的據點。

　　承上所述，田尾鄉境的開發大抵依循此三條古道通衢而發展，因此道光年間周璽《彰化縣志》中，東螺東西保莊名有饒平厝、田尾庄、海豐崙、打廉庄、三十張犁等聚落；大武郡東西保的莊名有曾厝崙、鎮平庄、紅毛社等聚落。[9]這些街庄資料顯示田尾鄉境在清治中葉以前已有相當程度的開發。其後，隨著漢人的拓衍，田尾鄉境的聚落穩定發展，清同治初年《臺灣府輿圖纂要》的街庄載有東螺保（分東保、西保）溪畔莊、田尾莊、打廉莊、柳樹湳莊、目宣莊、饒平厝、海豐崙莊、三十張犁；大武郡保（分武東保、武西保）紅毛社厝、鎮平莊、曾厝崙莊。[10]至此，其與今日之聚落已相差無幾，從而也可以發現田尾鄉的土地開發已趨於飽和。

　　在田尾鄉早期的歷史開發中，從現存的族譜與文獻等相關資料，可以發現客家族群的影響頗深；大抵而言，清治時期以降許多的客家族群入墾田尾，並在這片土地定居成庄；緣此，時至今日，田尾鄉存在著不少的客裔分佈。

　　彙整現存可稽的祖譜、文獻資料，客家族群拓墾田尾的時間早、人群多，參與田尾鄉早期開發的客籍人士主要有：

8　臺灣銀行經濟研究室，《清代臺灣大租調查書》，頁699。

9　周璽，《彰化縣誌》（彰化：彰化縣文獻委員會，1969年7月初版、1993年3月再版），頁143。

10　《臺灣府輿圖纂要》（台北：臺灣銀行經濟研究室，1963年），頁221-222、228-229。

一、吳姓來臺祖陸豐九世吳汝瞻於清康熙年間來臺住海豐崙（原居住今田尾鄉陸豐村派出所址），後裔多遷居海豐村。[11]

二、陳姓來臺祖九世陳聲榮、陳聲照兄弟及其兄弟叔孫於清康熙年間由廣東省潮州府饒平縣廠埔鄉眠雍寨遷臺到永靖鄉五福、港西一帶，並拓衍至溪畔、曾厝崙。[12]

三、西河堂林永登派下，來臺祖二十一世林元興、林元盛於雍正5年（1727）渡海來臺，定居於彰化縣武西保曾厝崙。[13]林姓為客裔。

四、詹姓來臺祖饒平十五世詹廷俊於雍正年間渡臺墾殖彰化縣田尾鄉，原籍為廣東省潮州府饒平縣元歌都三饒鄉。[14]

五、邱姓來臺祖二十三世邱懷德於雍正、乾隆年間渡臺，育下五子，長房傳於田尾海豐崙，祖籍廣東省潮州府饒平縣。[15]

六、巫姓來臺祖二十二世巫文英於乾隆初葉入墾彰化縣武西堡鎮平庄，原籍為廣東省潮州府揭陽縣。[16]

七、邱姓來臺祖二十三世邱華循於乾隆年間移居東螺保三十張犁庄，原籍為廣東省潮州府饒平縣坺子鄉（今屬饒洋鎮）。[17]

八、邱姓來臺祖二十三世邱華佑於清朝乾隆年間攜子渡臺，與永靖鄉忠實渡臺祖邱華循是同祖父的堂兄弟。邱華佑初居彰化

---

11 吳銅，《吳氏大族譜》（台中：新聲文化出版社，1975年12月4版），頁人352。

12 參見《繩武堂 陳武平公族譜》（彰化：繩武堂，1962年），頁23。

13 參見《西河堂永登公派下族譜》（1987年）。

14 參見詹玉柱、詹仁道主編，《詹氏族譜》（彰化：彰化縣詹氏宗親會，1993年），頁系79。

15 鄉民代表邱沛澤族裔族譜家藏本。

16 巫碧蓮纂修，《巫氏世傳大族譜》（1929年5月再修）。

17 詳見永靖忠實第《邱氏族譜》家藏本，此一份資料記載：「公在內地去世有年，家頗困乏。姚之外家在臺灣致成家業。姚因挈其長次二子渡臺往依焉，初住彰化縣深坑子塗庫，後移居東螺保三十張犁庄，為來臺始祖姚。二十三世祖華循公生五子，雍正七年生，乾隆五十四年終，享壽六十一歲，葬三十張犁尾埔，進田尾庄。」

縣永靖鄉湳墘村，後遷至田尾鄉，原籍為廣東省潮州府饒平縣水口社（今屬饒洋鎮）。[18]

九、莊姓來臺祖為十六世莊喜生，乾隆後期莊宜川攜妻施恩、兒喜生渡臺，莊宜川至海浦身亡，僅母子渡臺曾厝崙。[19]莊姓為客裔。

十、周姓來臺祖八世周戊坤公自廣東省惠州府陸豐縣田心在黑尾鄉八萬黑石股來臺於二林，遷徙16處，終於在田尾鄉打廉庄建基立業。[20]

十一、彭姓來臺祖二十世彭肇華、彭朴茂於清道光年間由大陸來臺，原籍為廣東省潮州府豐順縣，拓墾三十張犁。[21]

十二、薛姓來臺祖九世薛敦朴，乾隆時代來臺，十二世祖遷移鎮平，原籍為廣東省潮州府吉祥縣。[22]

十三、羅姓來臺祖九世羅廷祿以及十一世羅正直拓墾打廉、柳樹湳，原籍為為漳州府南靖縣。[23]

十四、張姓來臺祖九世張報恩來自廣東省潮州府饒平縣溪墘張，拓墾打廉。[24]

十五、賴姓來臺祖十六世賴昌胤來自廣東省潮州府饒平縣絃歌都牛皮社上坪鄉，拓墾打廉。[25]

---

18 賴振興、賴銘鍵主編，《丘邱大族譜》（嘉義：丘邱大族譜編輯委員會，1987年），頁系1。

19 莊貞夫（退休教師）提供，2013年1月5日採訪。

20 參見何金賜主編，《增修版汝南周氏大族譜》（台中太平：周氏大族譜編纂委員會，1983年8月），頁增84。

21 參見《彭氏族譜來臺開居祖二十世肇華公後代子孫錄》，1974年。

22 參見薛義郎主編，《薛氏手抄譜》。

23 邱彥貴等編撰，《彰化縣客家族群調查》（彰化：彰化縣文化局，2005年8月），頁133。

24 《清河堂手抄族譜》（1983年）。

25 賴得，《賴氏族譜》。

十六、張姓來臺祖從廣東省饒平縣來臺拓墾,建立饒平厝庄。[26]

　　從上述資料,可以發現田尾鄉的早期開發過程中,客籍人士的拓墾頗多,勢力遍及曾厝崙(南曾村、北曾村)、溪畔(溪畔村)、打廉(打簾村)、柳樹湳(柳鳳村)、海豐崙(海豐村、陸豐村)、鎮平(南鎮村、北鎮村)、厝仔(新生村)、三十張犁(仁里村、新厝村)、饒平厝(饒平村)等村落,範圍大概屬於清治時期行政區的武西保、東螺東保,東螺西保田尾鄉境的早期開發則較少見客籍人士。

第二節　田尾鄉客裔的分佈

　　本節探討田尾鄉客家聚落的分佈,為了避免現今行政區劃無法貼合文化生活圈的窘境,因此以日治時期的大小字為基礎分為曾厝崙(南曾村、北曾村)、溪畔(溪畔村)、打廉(打簾村)、柳樹湳(柳鳳村)、海豐崙(海豐村、陸豐村)、鎮平(南鎮村、北鎮村)、厝仔(新生村)、小紅毛社(福田村)、新厝仔(新興村)、三十張犁(仁里村、新厝村)、饒平厝(饒平村)、睦宜庄(睦宜村)、田尾(田尾村、豐田村)、十張犁(正義村)、溪仔頂(溪頂村)等庄頭來分析各地聚落的歷史開發與客籍後裔分佈,並以日治時期各大小字聚落的戶口調查簿資料,以戶長作為統計單位,來分析各聚落主要姓氏與其祖籍的統計資料。其次再以尋找各村落主要姓氏的祖譜與祭祀祖牌以及客音稱謂的確認來初步找尋客裔的蹤跡,從而建構田尾鄉客家族群的分佈地圖。大體而言,從歷史發展脈絡與現況來加以考察,田尾鄉的客裔主要分佈曾厝崙、溪畔、打廉、柳樹湳、海豐崙、鎮平、厝仔、小紅毛社、新厝仔、三十張犁、饒平厝,其他諸如睦宜庄、田尾、十張犁、溪仔頂等聚落是田尾鄉客籍分佈較為零星的地區,客家族群的

---

26 參見葉爾建等撰述,《臺灣地名辭書·彰化縣》(南投:國史館臺灣文獻館,2004年),頁835。

比例也較低，缺乏客庄聚落發展的歷史脈絡與客庄的文化表徵。因此下述從曾厝崙、溪畔、打廉、柳樹湳、海豐崙、鎮平、厝仔、小紅毛社、新厝仔、三十張犁、饒平厝等11個單位來探討、以見客裔族群在田尾鄉的分佈概況。

一　曾厝崙

（一）歷史開發梗概

曾厝崙昔為十五庄圳（八堡二圳）西溝與八堡二圳新二分圳之間的帶狀聚落，原包含北曾村與南曾村之範圍，「曾厝崙」地名據說緣於有曾姓先民於清朝初期在此墾荒，今村莊西側與饒平厝、溪畔間舊時為一小土崙，並在此附近建屋成庄，故得稱。[27]

日治時期的曾厝崙大字約莫涵蓋現今北曾村、南曾村，主要有林厝、鄭厝、沙仔、莊厝、徐厝、橋仔頭、新厝仔、吳厝、大宅、葉厝、王爺廳、竹圍仔、巷仔口、菁仔宅、黃厝（頭前厝）、埔頭仔（後邊厝）、邱厝（西畔仔）等17個角頭聚落。根據《臺灣地名辭書・彰化縣》以及2013年11月田尾鄉村、鄰行政區劃等資料，林厝分佈範圍概為北曾村第1、2鄰以及南曾村第2鄰，當地住民以林姓為多；鄭厝分佈範圍概為北曾村第3鄰，當地住民以鄭姓為多；沙仔分佈範圍概為北曾村第5鄰，地名緣於過去當地有一河岸沙丘而得名；莊厝分佈範圍概為北曾村第6鄰以及12鄰部分，當地住民以莊姓為多；徐厝分佈範圍概為北曾村第7鄰，當地住民以徐姓為多；橋仔頭分佈範圍概為北曾村第8鄰，當地住民以鄭、陳姓為多；新厝仔分佈範圍概為北曾村第9鄰，地名緣於過去該地為永靖五福村陳姓族人所

---

27 參見葉爾建等撰述，《臺灣地名辭書・彰化縣》，頁837。

關的新聚落而得名，當地住民以陳姓為多；[28]吳厝分佈範圍概為北曾村第10鄰，當地住民以吳姓為多；大宅分佈範圍概為北曾村第13鄰，地名緣於過去該地為邱姓族人聚居的大宅院而得名，當地住民以邱姓為多；[29]葉厝分佈範圍概為南曾村第1鄰，地名緣於過去該地為葉姓族人聚居的區域而得名；[30]王爺廳分佈範圍概為南曾村第4鄰，地名緣於此地三山國王的廣霖宮（王爺廳）而得名，當地住民以邱姓為多；[31]竹圍仔分佈範圍概為南曾村第5鄰，當地住民以張姓為多；巷仔口概為南曾村第6鄰，地名緣於此地正位於光復路與平生巷交會的巷口一帶而得名；[32]當地住民以葉、李、王姓為多；菁仔宅分佈範圍概為南曾村第7鄰，地名緣於當地陳姓族人的大宅院前方巷子植有二排檳榔樹（俗稱菁仔）而得名，當地住民以陳姓為多；[33]黃厝（頭前厝）分佈範圍概為南曾村第8鄰，地名緣於過去該地為黃姓族人聚居的區域而得名；埔頭仔（後邊厝）分佈範圍概為南曾村第9鄰，地名緣於過去該地為一片荒埔的頭段而得名，當地住民以張、李姓為多；[34]邱厝（西畔仔）分佈範圍概為南曾村第10鄰，地名緣於過去該地為邱姓族人聚居的區域而得名。[35]

　　曾厝崙東緣為八堡二圳西溝，當地的開發與八堡二圳的開鑿密切相關。八堡二圳係黃仕卿於清康熙60年（1721）完成開鑿，正式啟用。隨著八堡二圳的主線開鑿完成，吸引不少的漢人前來拓墾，本地各姓氏來臺祖多於雍正、乾隆年間陸續前來曾厝崙拓墾，如：林姓開

28　北曾村長鄭銅欣口述，2012年12月20日採訪。

29　參見葉爾建等撰述，《臺灣地名辭書・彰化縣》，頁838。

30　參見葉爾建等撰述，《臺灣地名辭書・彰化縣》，頁838。

31　參見葉爾建等撰述，《臺灣地名辭書・彰化縣》，頁838。

32　參見葉爾建等撰述，《臺灣地名辭書・彰化縣》，頁839。

33　參見葉爾建等撰述，《臺灣地名辭書・彰化縣》，頁839。

34　參見葉爾建等撰述，《臺灣地名辭書・彰化縣》，頁839。

35　參見葉爾建等撰述，《臺灣地名辭書・彰化縣》，頁839。

臺祖二十一世元興、元盛公於雍正年間前來拓墾；莊姓開臺祖莊喜生於乾隆後期前來拓墾；詹姓來臺祖詹廷俊公於雍正年間渡臺墾殖曾厝崙。經由漢人的拓墾，曾厝崙至遲於嘉慶年間已成庄落，根據嘉慶6年（1801）一紙招耕字：「立招耕字人業主蕭志振，因前年有劉家退佃水田一坵，坐落鎮平莊南勢，東至劉蔭田為界，西至曾厝崙大圳岸為界，南至范家田為界，北至蕭坤田為界，四至界址明白。……」[36]以及嘉慶12年（1807）一紙給墾單：「立給墾單字人大武郡社番通事林玉春、土目阿蒲、番差義盛、甲頭林永茂、耆番振宗、陳煥、潘生、竹發等，有曾厝崙莊先年存下埔地二處；坐在莊前一處，在東北角，東至大圳，西至牛埔，南至楊宅；北至牛埔。又一處，東至出水溝外，西至大圳，南至賴家，北至許家；四至界址明白。……」[37]又道光22年（1842）一紙當水田契：「立當水田契人武西保曾厝崙莊許月，有承祖父母應分鬮書內抽出其中水田一處，東至鎮平圳，西至小溝，南至葉家田，北至葉家田；四至界址明白。……」[38]從這三紙古文書可知嘉慶年間曾厝崙莊已經穩定地成型，因此道光30年（1830）周璽《彰化縣誌》在「大武郡東西保各庄名」已見有「曾厝崙」的存在。[39]日治時期大正9年（1920）設田尾庄曾厝崙大字；1946年10月，日治時代曾厝崙大字析分為北曾村及南曾村，並沿用至今。

　　現今，北曾村計有556戶1864人，南曾村計有455戶1565人（2019年9月底）。[40]居民大多種植花卉、苗木為主，並以姓陳、林、莊、徐、鄭、邱之姓氏居多。

---

36 臺灣銀行經濟研究室編，《清代臺灣大租調查書》，頁95-96。

37 臺灣銀行經濟研究室編，《清代臺灣大租調查書》，頁396。

38 臺灣銀行經濟研究室編，《清代臺灣大租調查書》，頁382。

39 周璽，《彰化縣誌》，頁143。

40 彰化縣田尾鄉戶政事務所：https://house.chcg.gov.tw/tianwei/03search/sea_b2_01.asp?offset=10，2019年10月5日搜尋。

（二）客裔分佈

　　關於曾厝崙的客裔分佈情形，根據大正4年（1915）第二次臨時臺灣戶口調查的統計資料顯示：曾厝崙的人口數達1137人，廣東籍有584人，比例達51%。實際上，廣東籍多為客裔，登記為福建籍亦有客裔，因此曾厝崙的客裔比例應當高於51%。至於曾厝崙客裔的分佈，我們從各姓氏來臺祖的祖籍與其族人聚居地或可探知客裔的分佈情形；下述筆者考察日治時期曾厝崙地區的戶口調查簿資料，[41]以戶長作為統計單位，據筆者所掌握的戶口調查簿資料計有302筆，其主要姓氏與其祖籍的統計資料大致如下：

表 2-1：日治時期曾厝崙戶口調查簿主要姓氏戶長數與祖籍統計資料

姓氏	戶長數	廣東	福建	無登載	廣東籍比例
林	43	31	4	8	72%
陳	37	17	17	3	46%
張	36	3	23	10	8%
邱	29	21	2	6	72%
黃	25	0	20	5	0
徐	21	17	0	4	81%
葉	18	0	14	4	0
李	19	9	5	5	47%
鄭	15	0	12	3	0
吳	13	10	0	3	77%
莊	10	6	3	1	60%

資料來源：筆者據日治時期曾厝崙戶口調查簿統計而成。

---

41 田尾戶政事務所的日治時期戶口調查簿因1962年4月1日田尾鄉公所廳舍發生火災，因而導致部份資料遭燒燬，是以現存資料難以完整。

　　根據這份統計資料，輔以現存的祖譜或田調資料，我們大致可以略知曾厝崙的客裔主要有：

1. 林姓客裔

　　根據日治時期曾厝崙戶口調查簿，林姓戶長計有43戶，約佔曾厝崙戶口數的14%，其中有31筆登記為廣東籍，登記為福建籍僅有4筆，無登載中有6筆與同姓的廣東籍戶長同地號，疑為同宗族人，因此實際上林姓戶長的廣東籍比例可能超過86%。從這些資料來加以分析，曾厝崙的林姓來臺祖多為廣東籍，復以目前曾厝崙的林姓族人多自認為客家人，親屬稱謂為客音，廳堂正中央為祖先牌位，存有客家遺風。大抵而言，曾厝崙的林姓住民多為客裔是沒有問題的。

　　曾厝崙林姓客裔主要分佈於北曾村林厝一帶。林姓族人主要為西河堂永登公派下，開臺祖二十一世元興、元盛公於雍正5年（1727）渡海來臺，定居於彰化縣武西保曾厝崙，祖籍不詳。[42]

圖 2-2：北曾村林厝林姓族人正廳祖先牌位

---

42 《西河堂永登公派下族譜》，1987年。

2. 陳姓客裔

　　根據日治時期曾厝崙戶口調查簿，陳姓戶長計有37戶，約佔曾厝崙戶口數的12%，其中有17筆登記為廣東籍，其中有15筆地號落於現今的北曾村；另登記為福建籍有17筆，其中9筆地號落於現今的北曾村，考察北曾村的族人幾為永靖五福村遷來，多為同宗族人，曾厝崙戶口調查簿登載為福建籍的陳姓戶長或許有部分為誤記，因此曾厝崙的陳姓客裔應當超過50%以上。

　　現今，曾厝崙陳姓客裔主要分佈於北曾村橋仔頭、新厝仔等角頭聚落。北曾村陳姓族人多為永靖五福村遷來，開基祖陳武平，九世聲榮公、聲照公兄弟及其兄弟叔孫於清康熙年間由潮州府饒平縣廠埔鄉眠雍寨遷台到永靖鄉五福、港西一代，陳氏公廳在永靖鄉五福村陳氏家廟繩武堂，原籍為潮州府饒平縣。[43]北曾村陳姓族人頗多參加陳氏家廟繩武堂祭祖。

3. 邱姓客裔

　　根據日治時期曾厝崙戶口調查簿，邱姓戶長計有29戶，約佔曾厝崙戶口數的10%，其中有21筆登記為廣東籍，無登載中有3筆與同姓的廣東籍戶長同地號，有2筆的臨近地號為同姓廣東籍，疑為同宗族人，因此實際上邱姓戶長的廣東籍比例可能超過86%。從這些資料來加以分析，曾厝崙的邱姓來臺祖多為廣東籍，復以目前曾厝崙的邱姓族人多自認為客家人，親屬稱謂亦有客音。大抵而言，曾厝崙的邱姓住民多為客裔是沒有問題的。

　　現今，曾厝崙邱姓客裔主要分佈於北曾村大宅、南曾村王爺廳一帶。邱姓族人的來臺祖主要有二派：

---

43 參見《繩武堂 陳武平公族譜》（彰化：繩武堂，1962年），頁23。

1. 北曾村邱姓為華佑（柔直）公派下，二十三世邱華佑於清朝乾隆年間攜子渡臺，與永靖鄉瑚璉村忠實渡臺祖邱華循是同祖父的堂兄弟。華佑公初居彰化縣永靖鄉湳墘村，後遷至田尾鄉，原籍為潮州府饒平縣水口社（今屬饒洋鎮）。[44]華佑公派下主要分佈於大宅。

2. 南曾村福德巷邱姓開臺祖為二十一世邱元信，原籍為廣東省潮州府饒平縣垻子鄉。[45]元信公派下主要分佈於王爺廳。

4. 徐姓客裔

根據日治時期曾厝崙戶口調查簿，邱姓戶長計有21戶，約佔曾厝崙戶口數的7%，其中有17筆登記為廣東籍，並無福建籍，無登載中4筆與同姓的廣東籍戶長同地號，疑為同宗族人，因此實際上邱姓戶長的廣東籍比例可能達100%。從這些資料來加以分析，曾厝崙的徐姓來臺祖多為廣東籍，復以目前曾厝崙的徐姓族人多自認為客家人，親屬稱謂亦有客音。大抵而言，曾厝崙的徐姓住民應當多是客裔。

現今，曾厝崙徐姓客裔主要分佈於北曾村徐厝一帶。

5. 李姓客裔

根據日治時期曾厝崙戶口調查簿，李姓戶長計有19戶，約佔曾厝崙戶口數的6%，其中有9筆登記為廣東籍，無登載中有5筆與同姓的廣東籍戶長同地號，登記為福建籍的5筆戶長與同姓廣東籍的戶長同地號或為相鄰地號，疑為同宗族人，登載為福建籍或許有訛誤，因此實際上曾厝崙的李姓戶長應當多為廣東籍。

現今，曾厝崙李姓客裔主要居住在南曾村，尤以南曾村巷仔口、埔頭仔等角頭聚落最為聚集。李姓族人的來臺祖主要為南曾村李姓開

---

44 賴振興、賴銘鍵主編，《丘邱大族譜》（嘉義：丘邱大族譜編輯委員會，1987年），頁系1。

45 賴振興、賴銘鍵主編，《丘邱大族譜》，頁系130。

基祖為四世李子舉，原籍為潮州府饒平縣石壁腳，十六世李碧瑤現為北斗國中校長。

6. 吳姓客裔

根據日治時期曾厝崙戶口調查簿，吳姓戶長計有13戶，約佔曾厝崙戶口數的4%，其中有10筆登記為廣東籍，並無福建籍，無登載中3筆與同姓的廣東籍戶長同地號，疑為同宗族人，因此實際上吳姓戶長的廣東籍比例可能達100%。從這些資料來加以分析，曾厝崙的吳姓來臺祖多為廣東籍。大抵而言，曾厝崙的吳姓住民應當多是客裔。

現今，曾厝崙吳姓客裔主要分佈於北曾村吳厝一帶。

7. 莊姓客裔

根據日治時期曾厝崙戶口調查簿，莊姓戶長計有10戶，約佔曾厝崙戶口數的3%，其中有6筆登記為廣東籍，無登載中有1筆與同姓的廣東籍戶長同地號，登記為福建籍的3筆戶長與同姓廣東籍的戶長同地號或為相鄰地號，疑為同宗族人，登載為福建籍或許有訛誤，因此實際上曾厝崙的莊姓戶長應當多為廣東籍。

圖 2-3：南鎮村邱氏祖厝第二落祖堂與其壁上的邱家系統表

圖 2-4：李子舉派下傳宗家譜。（李碧瑤提供）

　　現今，曾厝崙莊姓客裔主要分佈於北曾村莊厝一帶。曾厝崙莊姓開臺祖為十六世莊喜生，乾隆後期宜川公攜妻施恩、兒喜生渡臺，宜川公至海浦身亡，僅母子渡臺。[46]

二　溪畔

（一）歷史開發梗概

　　溪畔位於八堡二圳西溝的西側。溪畔村內聚落多主要沿溪畔巷、中山路、民生路一帶分佈。溪畔地名因此聚落建於八堡二分水圳之旁而得名。[47]

　　日治時期小字土名溪畔約莫涵蓋現今溪畔村，主要有北畔厝、大閘門內、溪畔店子、庄尾等4個角頭聚落。根據《臺灣地名辭書·彰化縣》以及2013年11月田尾鄉村、鄰行政區劃等資料，北畔厝分佈範圍概為溪畔村第1鄰，地名緣於此地位於溪畔聚落中陳姓公厝的北方

---

46 莊貞夫（退休教師）提供，2013年1月5日採訪。

47 參見葉爾建等撰述，《臺灣地名辭書·彰化縣》，頁845。

而得名，當地住民以陳姓為多；[48]大閘門內分佈範圍概為溪畔村第4-5鄰，地名緣於當地聚落位於八堡二分水圳之大閘門附近而得稱，當地住民以陳姓為多；[49]溪畔店子分佈範圍概為溪畔村第4-9鄰，地名緣於當地為溪畔聚落的雜貨店所在而得稱，當地住民以陳姓為多；[50]庄尾分佈範圍概為溪畔村第9鄰，地名緣於當地位居溪畔聚落的尾段而得稱，當地住民以陳姓為多。[51]

溪畔東緣為八堡二圳西溝，當地的開發與八堡二圳的開鑿密切相關。八堡二圳係黃仕卿於清康熙60年（1721）完成開鑿，正式啟用。隨著八堡二圳的主線開鑿完成，吸引不少的漢人前來拓墾，溪畔村毗鄰打簾村，打簾村於康熙後期已逐漸形成，道光30年（1830）周璽《彰化縣誌》在「東螺東西保各庄名」已見「打廉」的存在而未見溪畔，[52]可推知此時溪畔尚未發展而獨立成一庄頭。日治時期大正9年（1920）設田尾庄打廉大字；1946年10月，本地由日治時代打廉大字析分而設溪畔村。

現今，溪畔村計有416戶1416人（2019年9月底）。[53]住民村民有的從事花卉園藝，有的開店經商。溪畔村以陳為大姓，占全村一半以上。

（二）客裔分佈

關於溪畔的客裔分佈情形，根據大正4年（1915）第二次臨時臺灣戶口調查的統計資料顯示：打廉庄（溪畔村、柳鳳村、打簾村等）的人口數達1665人，廣東籍有1405，比例達84%。實際上，廣東籍多

---

48 參見葉爾建等撰述，《臺灣地名辭書・彰化縣》，頁846。

49 參見葉爾建等撰述，《臺灣地名辭書・彰化縣》，頁846。

50 參見葉爾建等撰述，《臺灣地名辭書・彰化縣》，頁846。

51 參見葉爾建等撰述，《臺灣地名辭書・彰化縣》，頁846。

52 周璽，《彰化縣誌》，頁143。

53 彰化縣田尾鄉戶政事務所：https://house.chcg.gov.tw/tianwei/03search/sea_b2_01.asp?offset=0，2019年10月5日搜尋。

為客裔，登記為福建籍亦有客裔，因此溪畔的客裔比例應當高於
84%。至於溪畔客裔的分佈，我們從各姓氏來臺祖的祖籍與其族人聚
居地或可探知客裔的分佈情形；下述筆者考察日治時期打廉地區的戶
口調查簿資料，[54]以戶長作為統計單位，據筆者所掌握的戶口調查簿
資料計有222筆，其主要姓氏與其祖籍的統計資料大致如下：

**表 2-2：日治時期打廉（溪畔村部分）戶口調查簿主要姓氏戶長數與
　　　　　祖籍統計資料**

姓氏	戶長數	廣東	福建	無記載	廣東籍比例
陳	127	100	23	4	79%
邱	8	6	2	0	75%
林	5	5	0	0	100%
李	4	0	2	2	0

資料來源：筆者據日治時期打廉戶口調查簿統計而成。

　　根據這份統計資料，輔以現存的祖譜或田調資料，我們大致可以
略知溪畔的客裔主要有：

1. 陳姓客裔

　　根據日治時期打廉戶口調查簿（溪畔部分），陳姓戶長計有127
戶，約佔溪畔戶口數的57%，其中有100筆登記為廣東籍，登記為福
建籍有23筆，福建籍有12筆、無登載2筆與同姓的廣東籍戶長同地
號，疑為同宗族人，因此實際上羅姓戶長的廣東籍比例可能達90%。
從這些資料來加以分析，溪畔的陳林姓來臺祖多為廣東籍。大抵而
言，溪畔的陳姓住民應是客裔。

---

54 田尾戶政事務所的日治時期戶口調查簿因1962年4月1日田尾鄉公所廳舍發生火災，
　　因而導致部份資料遭燒燬，是以現存資料難以完整。

　　現今，溪畔陳姓客裔主要分佈於溪畔村各地。陳姓客裔開基祖陳武平，公廳在永靖鄉五福村陳姓祠堂，祖籍廣東省潮州府饒平縣廠埔鄉。[55]陳姓族人的來臺祖主要有：

　　1. 開饒二世祖古竹、三世祖陳武平派下，溪畔村陳武平派下族人參與永靖鄉五福村陳氏家廟繩武堂的祭祀，四角中之屬溪畔角。住於中山路旁有長繼堂建造人陳儀亭是陳氏家廟繩武堂的倡建人。陳武平派下主要有：

　　（1）八世陳龍章派下，後裔分佈於北畔厝。[56]

　　（2）九世陳聲照派下，舊厝在大柵門內陳厝。[57]

　　2. 開饒二世祖陳玉千派下，十世陳從賢派下乃永靖餘三館渡臺祖陳智可之兄，後裔拓衍溪畔，祖籍廣東省潮州府饒平縣廠埔鄉大榕社。[58]

圖 2-5：八世陳龍章派下古厝與廳堂祖先牌位

---

55 參見《繩武堂 陳武平公族譜》，頁23。

56 邱彥貴等編撰，《彰化縣客家族群調查》，頁134。

57 邱彥貴等編撰，《彰化縣客家族群調查》，頁133。

58 邱彥貴等編撰，《彰化縣客家族群調查》，頁134。

2. 邱姓客裔

　　根據日治時期打廉戶口調查簿（溪畔部分），邱姓戶長計有8戶，約佔溪畔戶口數的4%，其中有6筆登記為廣東籍，登記為福建籍有1筆與同姓的廣東籍戶長同地號，疑為同宗族人，因此實際上邱姓戶長的廣東籍比例可能達88%。從這些資料來加以分析，溪畔的邱姓來臺祖多為廣東籍。大抵而言，溪畔的邱姓住民應是客裔。

　　現今，溪畔邱姓客裔主要的來臺祖為華佑公派下，二十三世邱華佑於清朝乾隆年間渡臺，後裔多住縣田尾鄉北曾村、溪畔村，原籍為潮州府饒平縣水口社（今屬饒洋鎮）。

三　打廉

（一）歷史開發梗概

　　打簾村位於彰化隆起海岸平原南方，位於八堡二分圳西溝東側，屬於八堡二圳灌溉區，村內聚落主要沿民生路、民族路、庄頭巷、張厝巷分佈。據彰化縣誌稱當地打廉，推測可能是打鐮之諧音字，過去客籍墾民多以鐮刀為墾荒之工具，故鐮刀為最主要農具之一，打製鐮刀為熱門工作，此地曾有人在此打製鐮刀，並聚集成莊，故得名。[59]

　　日治時期小字土名打廉約莫涵蓋現今打簾村，主要有打廉、庄頭、張厝後、崙仔等4個角頭聚落。根據《臺灣地名辭書・彰化縣》以及2013年11月田尾鄉村、鄰行政區劃等資料，打廉分佈範圍概為打簾村第1、5-12鄰，當地住民以羅、周、巫、李、徐姓為多；庄頭分佈範圍概為打簾村第2鄰，當地住民以羅姓為多；張厝後分佈範圍概為打簾村第3-4鄰，地名緣於過去該地為張姓族人聚居區域的後面而

---

59 參見葉爾建等撰述，《臺灣地名辭書・彰化縣》，頁845。

得名，當地住民以張姓為多；崙仔分佈範圍概為打簾村第13鄰，地名緣於過去此地有一沙崙而得稱，當地住民以羅姓為多。[60]

打廉東緣為八堡二圳西溝，當地的開發與八堡二圳的開鑿密切相關。八堡二圳舊稱十五庄圳，係黃仕卿於清康熙60年（1721）完成開鑿，經由十五庄圳的開鑿完成，水利設施滿足了前人拓墾的需求，依此吸引不少的漢人前來該地入墾。不過，本地在八堡二圳尚未開鑿之前已有漢人入墾，根據康熙50年（1711）福建臺灣海防總捕分府一紙示諭文：

> 本年十一月二十六日，蒙本道加四級記錄十四次梁批：據寡婦王氏，孤民黃賞、黃惠等狀呈前事，詞稱：痛氏遵斷闖得打廉莊租，自二十九年給墾，四十三年開墾，五十年報課，戶名黃元。緣與番接壤，迨五十二年與番定界，分圳南、圳北，立有合約。圳北納國課，圳南貼番粟，又有儌約。不料伯黃仕卿藐法抗斷，兜留墾單合約，唆佃阻租，不容管業。經控告，蒙仁恩照原斷造冊鈐印。但伯現系社商，眾番不敢違社商之命，聽其呼喚，擾莊阻佃，孤寡遭害難堪，叩乞大老爺恩準示諭，俾墾熟莊佃安業納租，無致違抗；其未開墾者得以招集築圳開墾，毋致棍蠹阻撓，國課、番餉兩全無害，孤寡庶得照斷掌業，恩光萬代等情。蒙批：仰海防廳查明給示。蒙此，合行示諭。為此，示仰番民各佃人等知悉：凡王氏闖分所得打廉莊地，其墾成者務宜認佃輸納王氏租課，不得聽唆抗違；未開墾者，亦聽王氏招佃填築水圳開墾，毋許棍蠹唆番擾害，阻撓課粒。其圳南所之地，各番眾各宜安心聽王氏至期照原議貼納，四十年之後仍歸爾番，亦不得藉端生事；如敢故違，許即指名

---

60 參見葉爾建等撰述，《臺灣地名辭書・彰化縣》，頁845。

赴本分府衙門稟究，以憑詳憲重處，決不輕恕，各宜凜遵，毋忽，特示。[61]

從這紙古文書可知康熙後期打廉莊已逐漸形成。依《諸羅縣誌》記載：「康熙55年諸羅縣令周鍾瑄捐穀五十石，助庄民築打廉庄陂。」顯見隨著入墾庄民的需求而開鑿埤圳，因而打廉庄成為彰南平原開發頗早的漢人庄頭。因此周璽《彰化縣誌》在「東螺東西保各庄名」自然也有「打廉庄」的存在。[62]日治時期大正9年（1920）設田尾庄打廉大字；1946年10月，本村由日治時代打廉大字改設為今之打簾村。

現今，打簾村計有487戶2055人（2019年9月底）。[63]住民以栽培苗木、盆栽、花卉等觀光花園為業，村民以羅、李、張、林為多。

（二）客裔分佈

關於打廉的客裔分佈情形，根據大正4年（1915）第二次臨時臺灣戶口調查的統計資料顯示：打廉庄（溪畔村、柳鳳村、打簾村等）的人口數達1665人，廣東籍有1405，比例達84%。實際上，廣東籍多為客裔，登記為福建籍亦有客裔，因此打廉的客裔比例應當高於84%。至於打廉客裔的分佈，我們從各姓氏來臺祖的祖籍與其族人聚居地或可探知客裔的分佈情形；下述筆者考察日治時期打廉地區的戶口調查簿資料，[64]以戶長作為統計單位，據筆者所掌握的戶口調查簿資料計有220筆，其主要姓氏與其祖籍的統計資料大致如下：

---

61 臺灣銀行經濟研究室編，《清代臺灣大租調查書》，頁382。

62 周璽，《彰化縣誌》，頁148。

63 彰化縣田尾鄉戶政事務所：https://house.chcg.gov.tw/tianwei/03search/sea_b2_01.asp?offset=0，2019年10月5日搜尋。

64 田尾戶政事務所的日治時期戶口調查簿因1962年4月1日田尾鄉公所廳舍發生火災，因而導致部份資料遭燒燬，是以現存資料難以完整。

表 2-3：日治時期打廉戶口調查簿主要姓氏戶長數與祖籍統計資料

姓氏	戶長數	廣東	福建	無記載	廣東籍比例
羅	56	44	2	10	79%
李	34	27	2	5	79%
張	33	30	2	1	91%
陳	16	11	4	1	69%
林	10	7	1	2	70%
賴	8	6	1	1	75%
胡	8	5	1	2	63%
周	6	6	0	0	100%
巫	5	4	0	1	80%

資料來源：筆者據日治時期打廉戶口調查簿統計而成。

　　根據這份統計資料，輔以現存的祖譜或田調資料，我們大致可以略知打廉的客裔主要有：

1. 羅姓客裔

　　根據日治時期打廉戶口調查簿，羅姓戶長計有56戶，約佔打廉戶口數的25%，其中有44筆登記為廣東籍，福建籍有2筆、無登載10筆與同姓的廣東籍戶長同地號，疑為同宗族人，因此實際上羅姓戶長的客籍比例可能達100%。然筆者經實地考察，打廉羅姓亦有不少為為福建籍（漳州府南靖縣），然其或許自認為客家人而登記為廣東籍。從這些資料來加以分析，打廉的羅姓住民應當多是客裔。

　　現今，打廉羅姓客裔主要分佈於打廉村打廉、庄頭、崙仔等角頭聚落。羅姓族人的來臺祖主要有：

（1）打簾村羅姓一脈為十一世羅正直派下，原籍為漳州府南靖縣金山埔龍眼林坑內社，目前多位後裔於公路花園經營園藝。

（2）九世羅廷祿來自漳州南靖。[65]

2. 張姓客裔

　　根據日治時期打廉戶口調查簿，張姓戶長計有33戶，約佔打廉戶口數的15%，其中有30筆登記為廣東籍，無登載中1筆與同姓的廣東籍戶長同地號，疑為同宗族人，因此實際上張姓戶長的廣東籍比例可能超過94%。從這些資料來加以分析，打廉的張姓大多是廣東籍。

　　現今，打廉張姓客裔主要分佈於打簾村張厝後一帶。張姓族人的來臺祖主要為九世張報恩派下，來自潮州府饒平縣溪墘張。[66]

3. 賴姓客裔

　　根據日治時期打廉戶口調查簿，賴姓戶長計有8戶，約佔打廉戶口數的4%，其中有6筆登記為廣東籍，福建籍1筆地號與同姓廣東籍相鄰，疑為同宗族人，因此實際上賴姓戶長的客籍比例可能達100%。從這些資料來加以分析，打廉的賴姓來臺祖應當多是客裔。

　　現今，打廉賴姓客裔的來臺祖主要為十六世賴昌胤，其來自潮州府饒平縣絃歌都牛皮社上坪鄉。[67]

4. 周姓客裔

　　時期打廉戶口調查簿，周姓戶長計有6戶，約佔打廉戶口數的3%，其中6筆皆登記為廣東籍，因此周姓戶長的客籍比例達100%。從這些資料來加以分析，打廉的周姓來臺祖應當多是客裔。

　　現今，打廉周姓客裔主要分佈於打簾村打廉一帶。周姓族人的來臺祖主要為八世周戊坤派下：戊坤公生於雍正3年（1725），卒於乾隆

---

65 邱彥貴等編撰，《彰化縣客家族群調查》，頁133。

66 《清河堂手抄族譜》（1983年）。

67 賴得，《賴氏族譜》。

年間。戊坤公自廣東省惠州府陸豐縣田心在黑尾鄉八萬黑石股來臺於
二林，時值閩粵不合，打架惹事，遷徙16處，終於在田尾鄉打廉庄建
基立業。[68]

四　柳樹湳

（一）歷史開發梗概

　　柳鳳村過去舊名「柳樹湳」，在打簾村之西，村內聚落多半集中
分布於村境東方，主要沿民生路、民族路、柳鳳路一帶分佈。地名緣
於過去聚落一帶為柳樹茂生之低濕地（鬆軟沼澤地）。[69]

　　日治時期小字土名柳樹湳約莫涵蓋現今柳鳳村，主要有張厝、瓦
宅內、醬油間、施厝（江厝）、後面厝（邱厝）、庄尾等6個角頭聚
落。根據《臺灣地名辭書·彰化縣》以及2013年11月田尾鄉村、鄰行
政區劃等資料，張厝分佈範圍概為柳鳳村第1鄰，住民以羅、張姓為
多；瓦宅內分佈範圍概為柳鳳村第2鄰，地名緣於過去該地周姓族人
築有有以瓦為頂的宅第而得名，住民以周姓為多；[70]醬油間分佈範圍
概為柳鳳村第3鄰，地名緣於過去該地有人從事醬油製造而得名，住
民以羅姓為多；[71]施厝（江厝）分佈範圍概為柳鳳村第4鄰，住民以
施、江姓為多；後面厝（邱厝）分佈範圍概為柳鳳村第5鄰，住民以
邱、謝姓為多；庄尾分佈範圍概為柳鳳村第6鄰，地名緣於過去該地
為庄頭的後段而得名。[72]

68　參見何金賜主編，《增修版汝南周氏大族譜》（台中太平：周氏大族譜編纂委員會，
　　1983年8月），頁增84。
69　參見葉爾建等撰述，《臺灣地名辭書·彰化縣》，頁846。
70　柳鳳村長周增輝口述，2012年12月10日採訪。
71　柳鳳村長周增輝口述，2012年12月10日採訪。
72　柳鳳村長周增輝口述，2012年12月10日採訪。

　　柳樹湳東緣為八堡二圳西溝，當地的開發與十五庄圳（八堡二圳）的開鑿密切相關。八堡二圳的主線開鑿完成後，住民並鑿有柳樹湳分線作為灌溉用，復以打廉一帶本就是開發極早的聚落，因此毗鄰打廉庄的柳樹湳逐漸吸引不少的漢人前來拓墾。本地各姓氏來臺祖多於清代前期即已陸續前來拓墾，如：周姓來臺祖客七世應隆公、八世敏義公概於康熙後期、乾隆年間來臺屯墾柳樹湳。經由漢人的拓墾，柳樹湳逐漸發展成為一村落。日治時期大正9年（1920）設田尾庄打廉大字柳樹湳小字；1946年10月，柳樹湳由日治時代打廉大字析分設村，並雅化稱為柳鳳村。

　　現今，柳鳳村計有299戶1072人（2019年9月底）。[73]住民主要種植花卉、苗木、蔬菜等作物，後來此區列為園藝專業區，偏重菊花栽培。村民多周、羅二姓。

（二）客裔分佈

　　關於柳樹湳的客裔分佈情形，根據大正4年（1915）第二次臨時臺灣戶口調查的統計資料顯示：打廉庄（溪畔村、柳鳳村、打簾村等）的人口數達1665人，廣東籍有1405，比例達84%。實際上，廣東籍多為客裔，登記為福建籍亦有客裔，因此柳樹湳的客裔比例應當高於84%。至於柳樹湳客裔的分佈，我們從各姓氏來臺祖的祖籍與其族人聚居地或可探知客裔的分佈情形；下述筆者考察日治時期柳樹湳地區的戶口調查簿資料，[74]以戶長作為統計單位，據筆者所掌握的戶口調查簿資料計有117筆，其主要姓氏與其祖籍的統計資料大致如下：

---

73 彰化縣田尾鄉戶政事務所：https://house.chcg.gov.tw/tianwei/03search/sea_b2_01.asp? offset=0，2019年10月5日搜尋。

74 田尾戶政事務所的日治時期戶口調查簿因1962年4月1日田尾鄉公所廳舍發生火災，因而導致部份資料遭燒燬，是以現存資料難以完整。

表2-4：日治時期柳樹湳戶口調查簿主要姓氏戶長數與祖籍統計資料

姓氏	戶長數	廣東	福建	無記載	廣東籍比例
周	27	25	1	1	93%
羅	22	11	0	11	50%
李	9	7	0	2	78%
張	9	6	0	3	67%
巫	8	8	0	0	100%
江	7	5	1	1	71%
邱	6	5	0	1	83%
施	6	0	6	0	0
謝	3	2	1	0	67%

資料來源：筆者據日治時期柳樹湳戶口調查簿統計而成。

　　根據這份統計資料，輔以現存的祖譜或田調資料，我們大致可以略知柳樹湳的客裔主要有：

1. 周姓客裔

　　根據日治時期柳樹湳戶口調查簿，周姓戶長計有27戶，約佔柳樹湳戶口數的23%，其中25筆皆登記為廣東籍，無登載中1筆與同姓的廣東籍戶長同地號，疑為同宗族人，因此實際上周姓戶長的廣東籍比例可能高達96%。從這些資料來加以分析，柳樹湳周姓應該多是客裔。

　　現今，柳樹湳周姓客裔主要分佈於柳鳳村瓦宅內一帶。周姓族人主要為饒平始祖大八公派下，七世應隆公、八世敏義公來臺開基柳樹湳。八世敏義公諱曰銹，字旭才，應岩公之次子，[75]生於康熙18年

---

[75] 七世應岩公字德昭，延章公之長子，姚邱氏，生四子；1.曰金弼（字元慶，無嗣）；
2.曰銹（字敏義）；3.曰鏞（伯仲同疾亡）；4.曰金開（來臺彰化柳樹南疾病甚之大作而亡）。

（1679），自唐山潮州府饒平縣元高都七藍鄉玉皮社與堂弟達義公同來臺灣開基彰化縣柳樹湳，卒於乾隆年間。[76]

2. 羅姓客裔

根據日治時期柳樹湳戶口調查簿，羅姓戶長計有22戶，約佔柳樹湳戶口數的19%，其中11筆登記為廣東籍，無登載中11與同姓的廣東籍戶長同地號，疑為同宗族人，因此實際上羅姓戶長客裔比例可能高達100%。從這些資料來加以分析，柳樹湳羅姓應該多是客裔。

現今，柳樹湳羅姓客裔主要分佈於柳鳳村張厝、醬油間等角頭聚落。柳樹湳羅姓與打廉羅姓為同宗族人，其來臺祖主要有：

（1）十六世羅正直派下，原籍為漳州府南靖縣金山埔龍眼林坑內社，目前多位後裔於公路花園經營園藝。[77]

（2）九世羅廷祿來自漳州南靖。[78]

（3）羅三益派下來自漳州府南靖縣金山埔龍眼林。[79]

五　海豐崙

（一）歷史開發梗概

海豐崙位於舊濁水溪北側，村內屬八堡二圳新二分水圳之支圳與慶豐圳、大義圳縱橫灌溉，土地利用密度高，村內聚落多半集中分布於村境東北方，主要沿中正路、光榮巷、光華巷、漢光巷、陸豐路、民生路三段一帶分佈。海豐崙地名緣於此地為廣東省惠州府海豐縣移民入墾所形成的聚落，且昔日北方與竹仔腳（屬永靖鄉）之間有一片

---

76 參見何金賜主編，《增修版汝南周氏大族譜》，頁增81。

77 參見《羅氏族譜》。

78 邱彥貴等編撰，《彰化縣客家族群調查》，頁133。

79 邱彥貴等編撰，《彰化縣客家族群調查》，頁134。

帶狀沙崙，故稱為海豐崙。[80]

　　日治時期的海豐崙大字約莫涵蓋現今海豐村、陸豐村，主要有海豐崙、石分子、田中央、農場、田洋仔、田東仔（田中央仔）、客人庄、八號半、九號等9個角頭聚落。根據《臺灣地名辭書・彰化縣》以及2013年11月田尾鄉村、鄰行政區劃等資料，海豐崙主要範圍為陸豐村4、7-9鄰以及海豐村1-5、7-11鄰，當地住民以邱、林、吳、朱、胡、劉姓為多；石分子分佈範圍概為陸豐村第1、2鄰，當地住民以邱、許姓為多；田中央分佈範圍概為陸豐村第4、5鄰，當地住民以邱姓為多；[81]農場分佈範圍概為陸豐村第10鄰，地名緣於過去該地有一甘蔗收購辦事處而得稱；[82]田洋仔分佈範圍概為海豐村第6鄰，地名緣於該地位於一大片水田之中而得名，當地住民以邱姓為多；[83]田東仔（田中央仔）分佈範圍概為海豐村第13、14鄰，地名緣於過去該聚落位於一大片田地之中間或偏東邊，而稱田東仔，又名田中央仔，當地住民以吳姓為多；[84]客人庄分佈範圍概為海豐村第15鄰，位於村內新生路上，地名緣於日治時代（1929），有客家人曾秀政等三兄弟，自桃園地區遷移至本地定居，而後又有親戚多人搬遷至此，形成一小型聚落，附近居民將此地稱客人庄，當地住民以曾姓為多；[85]八號半、九號分佈範圍概為海豐村第16鄰，地名緣於過去當地為日治時代日人移民村，數字為其序號。[86]

　　海豐崙的發展與清水溪與八堡二圳的開鑿有關。隨著八堡二圳的主線開鑿完成，許多漢人紛紛入墾，如雍正、乾隆年間邱懷德渡臺，

---

80 參見葉爾建等撰述，《臺灣地名辭書・彰化縣》，頁847。

81 參見葉爾建等撰述，《臺灣地名辭書・彰化縣》，頁848。

82 陸豐村長邱河源口述，2013年2月22日採訪。

83 參見葉爾建等撰述，《臺灣地名辭書・彰化縣》，頁847。

84 參見葉爾建等撰述，《臺灣地名辭書・彰化縣》，頁847。

85 參見葉爾建等撰述，《臺灣地名辭書・彰化縣》，頁848

86 參見葉爾建等撰述，《臺灣地名辭書・彰化縣》，頁847。

懷德長房邱盛德入墾海豐崙。經由漢人的拓墾，曾厝崙至遲於雍正年間已成庄落，根據清雍正5年（1727）一紙賣契：「立賣契字人丁作周，先年二次，有共蝦墾得大武郡社土名濫港莊番地一所，東至巫厝莊田濫港東，至良迪莊為界，西北由海豐崙大車路為界，西南由良迪作墩分為界處至乾溪為界；四至明白為界。……」[87]以及清乾隆3年（1738）一紙典賣單：「公立僉先盡契大武郡社土官眉仔、加臘，同甲頭白番等。本社有祖遺草地一所，坐落土名湳港西莊，東至巫厝田湳港東，至良迪莊為界，西北由海豐崙大車路為界，西南由良迪莊作墩分界處至乾溪為界；四至明白。……」[88]又清嘉慶元年（1796）〈新社宮天上聖母碑〉：「本保海豐崙□□□□□□打廉□公廟下水田一段，又崙仔莊前水田一大段，……」從這三種文獻可知雍正、乾隆年間海豐崙莊已經穩定地成型，因此道光30年（1830）周璽《彰化縣誌》在「東螺東西保各庄名」已見有「海豐崙」的存在。[89]清治時期以降，海豐崙居於北斗市街通往溪湖、鹿港的要塞，逐漸發展成為一小市集，衍成臨近客籍住民的生活交易中心，現今仍存留不少舊跡。

　　日治大正10年（1921）濁水溪護堤築成後，原來的濁水溪（東螺溪）的支流清水溪流量大減，河床縮小，浮復地出現，日人在海豐崙西南側東螺溪畔闢建為日人移民村鹿島村九號仔聚落；戰後，日人遷離移民村，本地湧入一些新住戶。日治時期大正9年（1920）設田尾庄海豐崙大字；1946年10月，本村由日治時代海豐崙大字析分設海豐村與陸豐村。

　　現今，海豐村計有509戶1545人，陸豐村計有287戶1014人，（2019年9月底）。[90]住民多數務農，農作物以水稻、蔬菜、花卉為

87　臺灣銀行經濟研究室編，《清代臺灣大租調查書》，頁699。

88　臺灣銀行經濟研究室編，《清代臺灣大租調查書》，頁650。

89　周璽，《彰化縣誌》，頁148。

90　彰化縣田尾鄉戶政事務所：https://house.chcg.gov.tw/tianwei/03search/sea_b2_01.asp?offset=0，2019年10月5日搜尋。

主。海豐崙以邱、林、吳為三大姓氏。

(二) 客裔分佈

　　關於海豐崙的客裔分佈情形，根據大正4年（1915）第二次臨時臺灣戶口調查的統計資料顯示：曾厝崙的人口數達1432人，廣東籍有384人，比例達27%。實際上，廣東籍多為客裔，登記為福建籍亦有客裔，因此海豐崙的客裔比例應當高於27%。至於海豐崙客裔的分佈，我們從各姓氏來臺祖的祖籍與其族人聚居地或可探知客裔的分佈情形；下述筆者考察日治時期海豐崙地區的戶口調查簿資料，[91]以戶長作為統計單位，據筆者所掌握的戶口調查簿資料計有360筆，其主要姓氏與其祖籍的統計資料大致如下：

表 2-5：日治時期海豐崙戶口調查簿主要姓氏戶長數與祖籍統計資料

姓氏	戶長數	廣東	福建	無記載	廣東籍比例
邱	86	29	45	12	34%
林	69	3	52	14	4%
吳	52	2	36	14	4%
朱	21	0	20	1	0
陳	21	6	13	2	29%
胡	19	3	12	4	16%
詹	15	6	9	0	40%
許	8	7	1	0	88%
曾	2	2	0	0	100%

資料來源：筆者據日治時期海豐崙戶口調查簿統計而成。

---

91 田尾戶政事務所的日治時期戶口調查簿因1962年4月1日田尾鄉公所廳舍發生火災，因而導致部份資料遭燒燬，是以現存資料難以完整。

　　根據這份統計資料，輔以現存的祖譜或田調資料，我們大致可以略知海豐崙的客裔主要有：

1. 邱姓客裔

　　根據日治時期曾厝崙戶口調查簿，邱姓戶長計有86戶，約佔海豐崙戶口數的24%，其中29筆登記為廣東籍，內有27筆地號落於現今的陸豐村，陸豐村無登載中有4筆與同姓的廣東籍戶長同地號，疑為同宗族人，總計陸豐村46筆邱姓戶長中有近乎31筆為廣東籍，約佔67%；至於海豐村雖僅有2筆登載為廣東籍，然58番地15戶的邱姓戶長中有2戶登記為廣東籍，此15戶疑為同宗族人，另13戶登記為福建籍或有訛誤之可能，因此實際上邱姓戶長的廣東籍比例可能超過50%，其中陸豐村的邱姓來臺祖應當多為廣東籍。大抵而言，海豐崙的邱姓住民亦頗多為客裔。

　　現今，海豐崙邱姓客裔主要分佈於海豐崙、陸豐村石分子、陸豐村田中央以及海豐村田洋仔等角頭聚落。邱姓族人的來臺祖主要有：

　　（1）渡臺祖二十一世邱九恩派下，祖籍廣東省潮州府饒平縣烏石角。[92]二十三世邱懷德生於康熙43年（1704），卒於乾隆41年（1776），可能於雍正、乾隆年間渡臺，育下五子，長房傳於田尾海豐崙。[93]

　　（2）陸豐村一脈邱姓原籍為惠州府陸豐縣。[94]

2. 吳姓客裔

　　根據日治時期海豐崙戶口調查簿，吳莊姓戶長計有52戶，約佔海豐崙戶口數的14%，其中僅有2筆登載為廣東籍，然84、85番地10戶的吳姓戶長中有1戶登記為廣東籍，此10戶疑為同宗族人，另9戶登記

---

92 賴振興、賴銘鍵主編，《丘邱大族譜》，頁系76。
93 鄉民代表邱沛澤族裔族譜家藏本。
94 邱彥貴等編撰，《彰化縣客家族群調查》，頁134。

為福建籍或為訛誤之可能，併同《彰化縣客家族群分布調查》指稱海豐村吳姓客裔的祖籍為惠州府陸豐縣，[95]因此實際上海豐崙的吳姓戶長應當有一定比例為客裔。

現今，海豐崙吳姓客裔主要分佈於海豐村海豐崙、客人庄等角頭聚落。吳姓族人的來臺祖主要有：

（1）海豐崙吳姓為陸豐九世吳汝瞻派下，祖籍惠州府陸豐縣。吳汝瞻於清康熙年間來臺住海豐崙（原居住今年田尾鄉陸豐村派出所址），後裔多遷居海豐村。[96]

（2）客人庄吳姓來臺祖為陸豐八世吳隴深派下，祖籍惠州府陸豐縣公平墟登埔鄉龍潭。隴深公於清乾隆年間來臺至苗栗白沙屯，後遷至苗栗縣三義鄉，戰後一脈再遷至海豐崙客人庄。[97]

3. 朱姓客裔

根據日治時期海豐崙戶口調查簿，朱姓戶長計有21戶，約佔海豐崙戶口數的6%，其中有20筆登載為福建籍，並無廣東籍。然筆者經實地考察，海豐崙朱姓當為廣東籍（惠州府陸豐縣），復以目前海豐村的朱姓族人多自認為客家人，親屬稱謂亦存客音，登記為福建籍應是訛誤。

現今，海豐崙朱姓客裔主要分佈於海豐崙（海豐村第5、11鄰）。朱姓族人的來臺祖主要為顯豐公派下，十四世朱德沛渡臺（一說為十五世），原籍據其後裔朱強表示其祖先墓碑上書「陸邑」，參酌顯豐公派下在大陸的分佈，其原籍當為惠州府陸豐縣。[98]

95 邱彥貴等編撰，《彰化縣客家族群調查》，頁134。

96 吳銅，《吳氏大族譜》（台中：新聲文化出版社，1975年12月4版），頁人352。

97 吳銅，《吳氏大族譜》，頁人261。

98 海豐村朱強、朱兩枝口述，2013年3月採訪。另，參見朱慶祥主編，《海邑朱氏源流》（廣東：編纂委員，2004年1月），頁59。

圖 2-6：海豐村朱強公廳祖先牌位仔其來臺祖為十五世的德沛公

4. 胡姓客裔

　　根據日治時期海豐崙戶口調查簿，胡姓戶長計有19戶，約佔海豐崙戶口數的5%，其中僅有3筆登載為廣東籍，然76番地17戶的胡姓戶長中有1戶登記為廣東籍，此17戶疑為同宗族人，另12戶登記為福建籍或為訛誤之可能，併同《媯內五姓大族譜》記載海豐崙胡維正派下祖籍為潮州府饒平縣，[99]因此實際上海豐崙的胡姓戶長應當多廣東籍。

　　現今，海豐崙胡姓客裔主要分佈於海豐村海豐崙一帶。海豐崙胡姓客裔為胡維正派下，祖籍為潮州府饒平縣，族裔大部分居田尾。[100]

5. 詹姓客裔

　　根據日治時期海豐崙戶口調查簿，詹姓戶長計有15戶，約佔海豐崙戶口數的4%，其中6筆登記為廣東籍，福建籍則有9筆，然登記為

99 陳甲木主編，《媯內五姓大族譜》（台中，1970年），頁系25。
100 陳甲木主編，《媯內五姓大族譜》，頁系25。

福建籍亦常有廣東籍訛記為福建籍的現象，因此實際上詹姓戶長的廣東籍比例可能超過40%。

現今，海豐崙詹姓客裔主要分佈於陸豐村海豐崙。詹姓族人的來臺祖主要有：

（1）饒平十五世詹時盛（禮亨、國才）派下，詹時盛渡臺竹塘，後裔傳衍海豐崙，祖籍為潮州府饒平縣元歌都三饒鄉。[101]

（2）饒平十七世詹天昭派下，原籍為廣東省潮州府饒平縣元歌都三饒鄉。[102]

6. 曾姓客裔

根據日治時期海豐崙戶口調查簿，曾姓戶長計有2戶，此2戶皆登載為廣東籍。此2戶係為日治昭和4年（1929）桃園地區客家人曾秀政等三兄弟遷移至本村新生路一帶而來，從而形成一小型聚落。大抵而言，海豐崙的曾姓住民應當多是客裔。

現今，海豐崙曾姓客裔主要分佈於海豐村客人庄一帶。海豐崙曾姓客裔為曾秀政等三兄弟拓衍而來。

六　鎮平

（一）歷史開發梗概

鎮平昔為十五庄圳（八堡二圳）西溝北側的帶狀聚落，原包含北鎮村與南鎮村之範圍，位於北側、沿平和路二段一帶稱為北鎮村，南

---

101 參見詹玉柱、詹仁道主編，《詹氏族譜》（彰化：彰化縣詹氏宗親會，1993年重修），頁系131。

102 參見詹玉柱、詹仁道主編，《詹氏族譜》，頁系95。

側的平和路一段一帶則稱南鎮村。「鎮平」地名據說緣於緣於過去當地祖先來自廣東省嘉應州鎮平縣（戰後改稱蕉嶺），故得稱。[103]

　　土名鎮平約莫涵蓋南鎮村、北鎮村為主，主要有崁頭仔（徐厝）、南鎮牛埔、劉厝、范厝、巫厝、巷子口（林厝）、車路仔（詹厝、邱厝、牛車路）、暗學仔（張厝）、圳仔尾、土地公、巷仔口等11個角頭聚落。根據《臺灣地名辭書・彰化縣》以及2013年11月田尾鄉村、鄰行政區劃等資料，崁頭仔（徐厝）分佈範圍大致屬於南鎮村第1鄰，地名緣於過去該地位在一陡坡的前頭而得名，因該地居民以徐姓為主，故又稱徐厝，現今當地住民以薛姓為多；[104]南鎮牛埔位於村中南方鄉內第一公墓附近，地名緣於過去此地為一放牛吃草的草埔而得稱；[105]劉厝概為南鎮村第3、6鄰，當地住民以劉姓為多；范厝分佈範圍大致屬於南鎮村第4鄰，當地住民以范姓為多；巫厝概為南鎮村第5鄰，當地住民以巫姓為多；巷子口（林厝）概為南鎮村第7鄰，位於村中平生巷一帶。地名緣於此地位於平生巷的巷口而得稱，因該地多林姓居民又稱林厝，現今當地住民以林、巫姓為多；[106]車路仔（詹厝、邱厝、牛車路）分佈範圍大致屬於北鎮村第1-3鄰，地名緣於過去此地聚落沿牛車路旁分布，故稱車路仔、牛車路，當地以詹姓、邱姓居民為主，故亦稱詹厝、邱厝；[107]暗學仔（張厝）分佈範圍大致屬於北鎮村第4-5鄰，地名緣於過去當地設有國語講習所，於晚間上課而得名當地以張姓居民為主，故亦稱張厝，現今當地住民以張、詹、陳姓為多；[108]圳仔尾分佈範圍大致屬於北鎮村第4鄰，地名緣於該地

103　參見葉爾建等撰述，《臺灣地名辭書・彰化縣》，頁840。
104　參見葉爾建等撰述，《臺灣地名辭書・彰化縣》，頁841。
105　參見葉爾建等撰述，《臺灣地名辭書・彰化縣》，頁841。
106　參見葉爾建等撰述，《臺灣地名辭書・彰化縣》，頁841。
107　參見葉爾建等撰述，《臺灣地名辭書・彰化縣》，頁840。
108　參見葉爾建等撰述，《臺灣地名辭書・彰化縣》，頁840。

為於八堡二圳水圳尾端而得名，當地住民以張姓為多；[109]土地公分佈
範圍大致屬於北鎮村第6鄰，地名緣於當地有一土地公廟而得稱，當
地住民以范姓為多；[110]巷仔口分佈範圍大致屬於北鎮村第9鄰，位於
村內受安宮附近，地名緣於當地位於平生巷的巷口一帶而得名，當地
住民以薛姓為多。[111]

　　鎮平南緣為八堡二圳西溝，東緣為八堡二圳東溝，當地的開發與
八堡二圳的開鑿密切相關。隨著八堡二圳的主線開鑿完成，吸引不少
的漢人前來拓墾，庄內從八堡二圳西溝鑿有永田分線灌溉渠道，加速
當地的農業發展。鎮平地處北斗街通往彰化的南北縱貫古道上，因此
開發頗早。根據乾隆54年（1789）一紙退佃字：「立退佃字人鎮平莊
佃劉天賜，偕姪萬魁，有承父祖劉如慶名下水田一甲二分二釐半正。
因拖欠租粟，無粟可徵完，又兼拋荒欠乏工本耕作，願將此田送還業
主蕭另行招佃別耕，……」[112]以及嘉慶6年（1801）一紙招耕字：「立
招耕字人業主蕭志振，因前年有劉家退佃水田一坿，坐落鎮平莊南
勢，東至劉蔭田為界，西至曾厝崙大圳岸為界，南至范家田為界，北
至蕭坤田為界，四至界址明白。……」[113]又道光22年（1842）一紙典
賣字：「立當水田契人武西保曾厝崙莊許月，有承祖父母應分鬮書內
抽出其中水田一處，東至鎮平圳，西至小溝，南至葉家田，北至葉家
田；四至界址明白。……」[114]從這三紙古文書可知清乾隆、嘉慶年間
鎮平莊已經穩定地成型，因此道光30年（1830）周璽《彰化縣誌》在
「大武郡東西保各庄名」已見有「鎮平」的存在。[115]日治時期大正9

---

109 參見葉爾建等撰述，《臺灣地名辭書・彰化縣》，頁840。

110 參見葉爾建等撰述，《臺灣地名辭書・彰化縣》，頁840。

111 參見葉爾建等撰述，《臺灣地名辭書・彰化縣》，頁840。

112 臺灣銀行經濟研究室編，《清代臺灣大租調查書》，頁269。

113 臺灣銀行經濟研究室編，《清代臺灣大租調查書》，頁95-96。

114 臺灣銀行經濟研究室編，《清代臺灣大租調查書》，頁382。

115 周璽，《彰化縣誌》，頁143。

年（1920）設田尾庄鎮平大字，轄鎮平、厝仔；1946年10月，日治時代鎮平大字析分設南鎮村、北鎮村。

　　現今，北鎮村計有426戶1403人，南鎮村計有221戶735人（2019年9月底）。[116]居民大多種植稻米、花卉、苗木，轄內居民姓氏較複雜，以薛、詹、劉、張、邱、范、陳、巫姓較多。

（二）客裔分佈

　　關於鎮平的客裔分佈情形，根據大正4年（1915）第二次臨時臺灣戶口調查的統計資料顯示：鎮平庄（南鎮村、北鎮村、新生村等）的人口數達1355人，廣東籍有3人，比例僅0.2%。實際上，福建籍亦有客裔，因此鎮平廣東籍或客裔的比例應當不是如此之低。另外，筆者考察日治時期鎮平地區的戶口調查簿資料，[117]以戶長作為統計單位，據筆者所掌握的戶口調查簿資料計有262筆，其主要姓氏與其祖籍的統計資料大致如下：

表2-6：日治時期鎮平（南鎮村、北鎮村）戶口調查簿主要姓氏戶長數與祖籍統計資料

姓氏	戶長數	廣東	福建	無記載	廣東籍比例
薛	35	0	28	7	0
詹	33	0	16	17	0
劉	32	0	25	7	0
巫	30	0	26	4	0
陳	26	1	16	9	4%

---

116 彰化縣田尾鄉戶政事務所：https://house.chcg.gov.tw/tianwei/03search/sea_b2_01.asp?offset=10，2019年10月5日搜尋。

117 田尾戶政事務所的日治時期戶口調查簿因1962年4月1日田尾鄉公所廳舍發生火災，因而導致部份資料遭燒燬，是以現存資料難以完整。

姓氏	戶長數	廣東	福建	無記載	廣東籍比例
邱	15	0	6	9	0
范	14	0	9	5	0
張	10	0	5	5	0

資料來源：筆者據日治時期鎮平戶口調查簿統計而成。

據筆者所統計資料，日治時期鎮平登載為廣東籍竟只有1筆，然考察鎮平地名與庄廟鎮安宮為三山國王廟，輔以現存的祖譜或田調資料，鎮平有一定比例的廣東籍或客裔，我們從各姓氏來臺祖的祖籍與其族人聚居地或可略知鎮平的客裔主要有：

1. 薛姓客裔

根據日治時期鎮平戶口調查簿，薛姓戶長計有35戶，約佔鎮平戶口數的13%，其中有28筆登載為福建籍，並無廣東籍。然筆者經實地考察，鎮平薛姓當為廣東籍（潮州府吉祥縣），登記為福建籍應是訛誤。

現今，鎮平薛姓客裔主要分佈於南鎮村崁頭仔、北鎮村巷仔口等聚落角頭。薛姓族人的來臺祖主要為九世薛敦朴，乾隆時代來臺，十二世祖遷移現址，原籍為潮州府吉祥縣。[118]

---

118 參見《河東薛氏族譜》（田尾，1979年6月）。

圖 2-7：《河東薛氏族譜》書有其祖十世薛敦朴來臺，祖籍為潮州府吉
　　　　祥縣

2. 詹姓客裔

　　根據日治時期鎮平戶口調查簿，詹姓戶長計有33戶，約佔鎮平戶
口數的13%，其中有16筆登載為福建籍，並無廣東籍。然經考察，鎮
平詹姓當為廣東籍（潮州府饒平縣），登記為福建籍應是訛誤。

　　現今，鎮平詹姓客裔主要分佈於北鎮村車路仔、暗學仔等角頭聚
落。詹姓族人的來臺祖主要有：

　　（1）饒平十四世詹春殿（元亮）派下，渡臺居永靖，十七世詹
　　　　　文銘（銘生）傳衍鎮平，原籍為廣東省潮州府饒平縣元歌
　　　　　都三饒鄉。[119]

　　（2）饒平十五世詹時侃派下，詹時侃渡臺竹塘，十七世詹友才遷
　　　　　田尾鎮平，原籍為廣東省潮州府饒平縣元歌都三饒鄉。[120]

119　參見詹玉柱、詹仁道主編，《詹氏族譜》，頁系73。
120　參見詹玉柱、詹仁道主編，《詹氏族譜》，頁系78。

（3）饒平十六世詹鴻儀派下，原籍為廣東省饒平縣元歌都三饒鄉。[121]

圖 2-8：北鎮村鎮福宮鄰側的詹氏祖厝，正廳祖先牌位書有鴻儀派下

3. 劉姓客裔

根據日治時期鎮平戶口調查簿，劉姓戶長計有32戶，約佔鎮平戶口數的12%，其中有25筆登載為福建籍，並無廣東籍。然經考察，鎮平劉姓當為廣東籍（潮州府饒平縣），登記為福建籍應是訛誤。

現今，鎮平劉姓客裔主要分佈於南鎮村劉厝一帶。劉姓族人的來臺祖主要有：

（1）十世劉剛毅派下，祖籍廣東省潮州府饒平縣。[122]
（2）劉光義派下，祖籍廣東省潮州府饒平縣。[123]

4. 巫姓客裔

根據日治時期鎮平戶口調查簿，巫姓戶長計有30戶，約佔鎮平戶

121 參見詹玉柱、詹仁道主編，《詹氏族譜》，頁系81。
122 《劉氏族譜》（1984年）。
123 邱彥貴等編撰，《彰化縣客家族群調查》，頁133。

口數的11%，其中有26筆登載為福建籍，並無廣東籍。然經考察，鎮平巫姓當為廣東籍（潮州府揭陽縣），登記為福建籍應是訛誤。

現今，鎮平巫姓客裔主要分佈於南鎮村巫厝、巷子口等角頭聚落。巫姓族人的來臺祖主要有：

（1）巫姓族人主要為二十二世巫文英派下，乾隆初葉巫文英入墾彰化縣武西堡鎮平庄，原籍為廣東省潮州府揭陽縣。[124]

（2）十三世巫旭彩派下，祖籍為廣東潮州府揭陽縣。

圖 2-9： 南鎮村巫氏古厝第二落廳堂堂號書為揭陽堂，祖先牌位上書其為十三世巫旭彩派下

5. 陳姓客裔

根據日治時期鎮平戶口調查簿，陳姓戶長計有26戶，約佔鎮平戶口數的10%，其中有16筆登載為福建籍，1筆登記為廣東籍，9筆無登

124　巫碧蓮纂修，《巫氏世傳大族譜》（1929年5月再修）。

載。然經考察，鎮平陳姓為廣東籍（嘉應州鎮平縣），登記為福建籍
應是訛誤。

　　現今，鎮平陳姓客裔主要分佈於北鎮村暗學仔一帶。陳姓族人的
來臺祖主要為十一世陳廷俊，祖籍為廣東省嘉應州鎮平縣三圳墟塔子
巷，從臺灣台南府城登陸，最後北上徙至田尾鎮平庄，落地生根發
展。[125]

6. 邱姓客裔

　　根據日治時期鎮平戶口調查簿，邱姓戶長計有15戶，約佔鎮平戶
口數的6%，其中有6筆登載為福建籍，並無廣東籍。然經考察，鎮平
邱姓當為廣東籍，登記為福建籍應是訛誤。

　　現今，鎮平邱姓客裔主要分佈於北鎮村車路仔一帶。鎮平邱姓族
人的來臺祖主要為二十三世邱華循（正直），原籍為廣東省潮州府饒
平縣坽子鄉，與永靖忠實第同源。[126]

7. 范姓客裔

　　根據日治時期鎮平戶口調查簿，范姓戶長計有14戶，約佔鎮平戶
口數的5%，其中有9筆登載為福建籍，並無廣東籍。然經考察，鎮平
范姓當為廣東籍，登記為福建籍應是訛誤。

　　現今，鎮平范姓客裔主要分佈於南鎮村范厝、北鎮村土地公等角
頭聚落。范姓族人的來臺祖主要為十二世范勤烈公，原籍為廣東省潮
州府饒平縣北門鄉。

125 參見陳安邦，《彰化縣田尾鄉鎮平庄陳氏宗親家譜》（1910年6月）。

126 賴振興、賴銘鍵主編，《丘邱大族譜》，頁系1。

七　厝仔

（一）歷史開發梗概

　　厝仔為十五庄圳（八堡二圳）西溝北側的帶狀聚落，村內聚落主要沿延平路、光復路一帶分布。「厝仔」地名緣於過去聚落位居當地大聚落鎮平厝的南方，故稱為南路厝，又簡稱為厝仔。[127]

　　土名厝仔約莫涵蓋現今新生村，主要有庄中、厝仔頭、庄尾、新社區（榮成天下、錦繡世界）等4個角頭聚落。根據《臺灣地名辭書‧彰化縣》以及2013年11月田尾鄉村、鄰行政區劃等資料，庄中分佈範圍大致屬於新生村第1、2、4鄰，當地住民以范、劉姓為多；厝仔頭分佈範圍大致屬於新生村第2、8鄰，地名緣於過去此地為厝仔聚落的頭段區域，而稱為厝仔頭，因過去有糖廠五分車鐵路車站又稱五分車頭，當地住民以劉姓為多；[128]庄尾分佈範圍大致屬於新生村第7鄰，當地住民以邱、黃姓為多；新社區（榮成天下、錦繡世界）分佈範圍大致屬於新生村第9、10鄰，地名緣於該地光復路旁近年來新開發的社區而得名，其中榮成天下為10鄰，錦繡世界為9鄰。[129]

　　厝仔南緣為八堡二圳西溝，當地的開發與八堡二圳的開鑿密切相關。隨著八堡二圳的主線開鑿完成，吸引不少的漢人前來拓墾。厝仔地處北斗街通往彰化的南北縱貫古道上，因此開發頗早。日治時期大正9年（1920）設田尾庄厝仔大字，轄厝仔；1946年10月，日治時代厝仔大字析分設新生村。

　　現今，新生村計有482戶1611人（2019年9月底）。[130]居民村民除

127　參見葉爾建等撰述，《臺灣地名辭書‧彰化縣》，頁842。

128　參見葉爾建等撰述，《臺灣地名辭書‧彰化縣》，頁842。

129　參見葉爾建等撰述，《臺灣地名辭書‧彰化縣》，頁842；新生村長詹前發口述，2013年7月5日採訪。

130　彰化縣田尾鄉戶政事務所：https://house.chcg.gov.tw/tianwei/03search/sea_b2_01.asp?offset=10，2019年10月5日搜尋。

務農外,尚以織襪、製紙盒、塑膠加工為副業,轄內居民姓氏以劉、范、詹、邱姓較多。

(二)客裔分佈

關於厝仔的客裔分佈情形,根據大正4年(1915)第二次臨時臺灣戶口調查的統計資料顯示:鎮平庄(南鎮村、北鎮村、新生村等)的人口數達1355人,廣東籍有3人,比例僅0.2%。實際上,福建籍亦有客裔,因此厝仔廣東籍或客裔的比例應當不是如此之低。另外,筆者考察日治時期鎮平地區的戶口調查簿資料,[131]以戶長作為統計單位,據筆者所掌握的戶口調查簿資料計有27筆,其主要姓氏與其祖籍的統計資料大致如下:

表 2-7:日治時期鎮平(新生村)戶口調查簿主要姓氏戶長數與祖籍統計資料

姓氏	戶長數	廣東	福建	無記載	廣東籍比例
詹	4	0	0	4	0
邱	4	0	3	1	0
劉	3	0	1	2	0
陳	2	0	0	2	0
范	1	0	0	1	0

資料來源:筆者據日治時期厝仔戶口調查簿統計而成。

據筆者所統計資料,日治時期厝仔登載為廣東籍0筆,然考察現存的祖譜或田調資料,厝仔有一定比例的廣東籍或客裔,我們從各姓氏來臺祖的祖籍與其族人聚居地或可略知厝仔的客裔主要有:

---

131 田尾戶政事務所的日治時期戶口調查簿因1962年4月1日田尾鄉公所廳舍發生火災,因而導致部份資料遭燒燬,是以現存資料難以完整。

1. 詹姓客裔

根據日治時期厝仔戶口調查簿，詹姓戶長計有4戶，約佔厝仔戶口數的15%，其中祖籍皆無登載。然經考察，厝仔詹姓當為廣東籍（潮州府饒平縣），登記為福建籍應是訛誤。

現今，厝仔詹姓客裔主要分佈於新生村庄中一帶。詹姓族人的來臺祖主要有：

（1）饒平十五世詹廷俊於雍正年間渡臺墾殖彰化縣田尾鄉，原籍為廣東省潮州府饒平縣元歌都三饒鄉。[132]

（2）饒平十五世詹時侃派下，詹時侃渡臺竹塘，十七世詹友才遷田尾鎮平，原籍為廣東省潮州府饒平縣元歌都三饒鄉。[133]

2. 邱姓客裔

根據日治時期厝仔戶口調查簿，邱姓戶長計有4戶，約佔厝仔戶口數的15%，其中有3筆登載為福建籍，並無廣東籍。然經考察，厝仔邱姓當為廣東籍（潮州府饒平縣），登記為福建籍應是訛誤。

現今，厝仔邱姓客裔主要分佈於新生村庄尾一帶。厝仔邱姓為二十三世邱華循派下，祖籍為廣東省潮州府饒平縣垻子鄉，與永靖忠實第同源。

3. 劉姓客裔

根據日治時期厝仔戶口調查簿，劉姓戶長計有3戶，約佔厝仔戶口數的11%，其中有1筆登載為福建籍，並無廣東籍。然經考察，厝仔劉姓當為廣東籍（潮州府饒平縣），登記為福建籍應是訛誤。

現今，厝仔劉姓客裔與鎮平劉厝（南鎮村）同宗，主要分佈於新

---

132 參見詹玉柱、詹仁道主編，《詹氏族譜》，頁系79。
133 參見詹玉柱、詹仁道主編，《詹氏族譜》，頁系78。

生村庄中一帶。劉姓族人的來臺祖主要為十世劉剛毅派下，祖籍廣東省潮州府饒平縣。[134]

4. 范姓客裔

根據日治時期厝仔戶口調查簿，范姓戶長僅有1戶，祖籍無登載。然經考察，厝仔范姓當為廣東籍（潮州府揭陽縣），登記為福建籍應是訛誤。

現今，厝仔范姓客裔劉姓客裔與南鎮村范厝、北鎮村土地公的范氏族人同宗。范姓族人的來臺祖主要為二十四世范勤烈，原籍為廣東省潮州府饒平縣。

八　小紅毛社

（一）歷史開發梗概

小紅毛社為十五庄圳（八堡二圳）東溝西側、十五庄圳（八堡二圳）西溝北側的帶狀聚落，村內聚落主要沿新興路兩側分布。「小紅毛社」地名據說緣於此聚落為往昔洪雅平埔族阿里坤支族的社址，因此平埔族屬馬來人種（棕種），髮色較漢人淡。故稱為紅毛社；又因相較於田中鎮大社里（大紅毛社）規模較小，故得稱。[135]

土名小紅毛社主要涵蓋現今福田村，主要有頂厝、陳厝、李厝、下厝等4個角頭聚落。根據《臺灣地名辭書·彰化縣》以及2013年11月田尾鄉村、鄰行政區劃等資料，頂厝分佈範圍大致屬於福田村第2鄰，當地住民以黃姓為多；陳厝分佈範圍大致屬於福田村第4、6鄰，當地住民以陳姓為多；李厝分佈範圍大致屬於福田村第3、5、7、8

134　《劉氏族譜》（1984年）。

135　參見葉爾建等撰述，《臺灣地名辭書·彰化縣》，頁843。

鄰，當地住民以李姓為多；下厝分佈範圍大致屬於福田村第10鄰，當地住民以黃姓為多。

小紅毛社南緣為八堡二圳西溝，東緣為八堡二圳東溝，當地的開發與八堡二圳的開鑿密切相關。八堡二圳係黃仕卿於清康熙60年（1721）完成開鑿，正式啟用。隨著八堡二圳的主線開鑿完成，吸引不少的漢人前來拓墾，庄內從八堡二圳西溝鑿有永田分線灌溉渠道，加速當地的農業發展。小紅毛社地處北斗街通往彰化的南北縱貫古道上，因此開發頗早。根據乾隆5年（1740）劉良璧纂輯《重修福建臺灣府》在「大武郡保管下」已見有「紅毛社莊」的存在，[136]紅毛社莊大概位址在現今田中鎮大社里、田尾鄉福田村一帶，可知清乾隆年間小紅毛社一帶已成為漢人入墾的庄落，道光30年（1830）周璽《彰化縣誌》在「大武郡東西保各庄名」也見有「紅毛社」的存在。[137]日治時期大正9年（1920）設田尾庄小紅毛社大字，轄小紅毛社、新厝仔。1946年10月，日治時代小紅毛社大字小紅毛社分設福田村。

現今，福田村計有283戶834人（2019年9月底）。[138]居民大多種植水稻、芭樂、疏菜等，轄內居民姓氏以陳、李、黃、蕭、邱姓較多。

（二）客裔分佈

關於小紅毛社的客裔分佈情形，根據大正4年（1915）第二次臨時臺灣戶口調查的統計資料顯示：小紅毛社（福田村、新興村）的人口數達1112人，廣東籍有19人，比例僅1.7%。實際上，福建籍亦有客裔，因此小紅毛社廣東籍或客裔的比例應當不是如此之低。另外，筆

---

136 劉良璧，《重修福建臺灣府志》，頁79。

137 周璽，《彰化縣誌》，頁143。

138 彰化縣田尾鄉戶政事務所：https://house.chcg.gov.tw/tianwei/03search/sea_b2_01.asp? offset=10，2019年10月5日搜尋。

者考察日治時期小紅毛社地區的戶口調查簿資料，[139]以戶長作為統計單位，據筆者所掌握的戶口調查簿資料計有124筆，其主要姓氏與其祖籍的統計資料大致如下：

表 2-8：日治時期小紅毛社（福田村）戶口調查簿主要姓氏戶長數與祖籍統計資料

姓氏	戶長數	廣東	福建	無記載	廣東籍比例
陳	45	0	26	19	0
李	32	0	13	19	0
黃	20	0	7	13	0
蕭	2	0	2	0	0
范	3	0	2	1	0

資料來源：筆者據日治時期鎮平戶口調查簿統計而成。

據筆者所統計資料，日治時期小紅毛社登載為廣東籍0筆，然考察小紅毛社的信仰與生活景觀，輔以現存的祖譜或田調資料，小紅毛社有一定比例的廣東籍或客裔，我們從各姓氏來臺祖的祖籍與其族人聚居地或可略知小紅毛社的客裔主要有：

1. 陳姓客裔

根據日治時期小紅毛社戶口調查簿，陳姓戶長計有45戶，約佔小紅毛社戶口數的36%，其中有26筆登載為福建籍，並無廣東籍。然筆者經實地考察，小紅毛社陳家祖厝的正廳為祖堂，正中央為祖先牌位，存有客家遺風。大抵而言，小紅毛社的陳姓住民多為客裔。

現今，小紅毛社陳姓客裔主要分佈於福田村陳厝一帶。陳姓族人主要為渡臺一世陳剛義派下，祖籍不詳。

---

139 田尾戶政事務所的日治時期戶口調查簿因1962年4月1日田尾鄉公所廳舍發生火災，因而導致部份資料遭燒燬，是以現存資料難以完整。

圖 2-10：陳家祖厝的正廳為祖堂，正中央為祖先牌位，存有客家遺風

2. 李姓客裔

根據日治時期小紅毛社戶口調查簿，李姓戶長計有32戶，約佔小紅毛社戶口數的26%，其中有13筆登載為福建籍，並無廣東籍。然筆者經實地考察，小紅毛社李姓的祖籍為福建省漳州府平和縣山田鄉山內村，毗鄰詔安縣，亦是客家分布區。福田村、新興村的李姓多為族親，一些李姓後裔表示他們祖先原來自苗栗，[140]福田村李家祠堂振聲堂的廳堂正中央為祖先牌位，存有客家遺風。大抵而言，小紅毛社的李姓住民多為客裔是沒有問題的。

現今，小紅毛社李姓客裔主要分佈於福田村李厝一帶。李姓族人主要為隴西堂李玉書派下，祖籍為福建省漳州府平和縣山田鄉山內村。

---

140 福田村李松聰等人口述，2013年7月20日採訪。

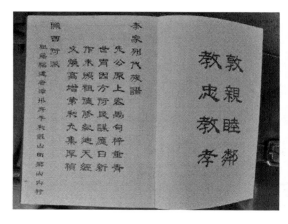

圖 2-11：福田村李家祠堂震聲堂的祖先牌位與族譜記載其子孫為隴西堂
　　　　 李玉書派下

3. 蕭姓客裔

　　根據日治時期小紅毛社戶口調查簿，蕭姓戶長計有20戶，約佔小紅毛社戶口數的13%，其中有7筆登載為福建籍，並無廣東籍。然經考察，小紅毛社蕭姓田中、社頭書山派同源，一說也是客家後裔。

　　現今，小紅毛社疑似蕭姓客裔分佈不多，與田中、社頭書山派同源，祖籍為福建省漳州府南靖縣書洋鎮。

4. 范姓客裔

　　根據日治時期小紅毛社戶口調查簿，范姓戶長計有3戶，約佔小紅毛社戶口數的2%，其中有2筆登載為福建籍，並無廣東籍。然經考察，小紅毛社范姓當為廣東籍，登記為福建籍應是訛誤。

　　現今，小紅毛社范姓客裔不多，范姓族人的來臺祖主要為十二世范勤烈，原籍為廣東省潮州府饒平縣北門鄉。

九　新厝仔

（一）歷史開發梗概

　　新厝仔為十五庄圳（八堡二圳）東溝西側、十五庄圳（八堡二圳）西溝北側的帶狀聚落，村內聚落主要沿新興路兩側分布。「新厝仔」地名地名緣於此地為新築住宅之處而得稱，戰後將之該稱「新興」。[141]

　　土名新厝仔主要涵蓋現今新興村，主要有庄尾、蒲厝、暗學仔、三角圍、庄頭、田頭仔、崁頭仔等7個角頭聚落。根據《臺灣地名辭書‧彰化縣》以及2013年11月田尾鄉村、鄰行政區劃等資料，庄尾分佈範圍大致屬於新興村第1、2鄰，位於新興路一帶，當地住民以邱姓為多，亦稱邱厝；蒲厝分佈範圍大致屬於新興村第3鄰，當地住民以蒲姓為多；暗學仔分佈範圍大致屬於新興村第4鄰，地名緣於過去該地為私塾所在而得名，當地住民以蕭姓為多，亦稱蕭厝；[142]三角圍分佈範圍大致屬於新興村第6鄰，位於村內新興路。地名緣於該地為為一三角形的園圍地而得名，當地住民以李姓為多，亦稱李厝；[143]庄頭分佈範圍大致屬於新興村第7、8鄰，當地住民以蕭姓為多；田頭仔分佈範圍大致屬於新興村第9鄰，地名緣於過去聚落位於田園的前方而得名，當地住民以邱姓為多，亦稱邱厝；[144]崁頭仔分佈範圍大致屬於新興村第10鄰，位於村內仁興路一帶（昔稱崁頭巷，因不雅而改稱仁興路），地名緣於過去該地位於沙崙崁的頭段而得稱，當地住民以邱姓為多。[145]

141　參見葉爾建等撰述，《臺灣地名辭書‧彰化縣》，頁844。
142　新興村長李秋東口述，2013年7月16日採訪。
143　新興村長李秋東口述，2013年7月16日採訪。
144　參見葉爾建等撰述，《臺灣地名辭書‧彰化縣》，頁844。
145　參見葉爾建等撰述，《臺灣地名辭書‧彰化縣》，頁844。

　　新厝仔南緣為八堡二圳西溝，東緣為八堡二圳東溝，當地的開發
與八堡二圳的開鑿密切相關。八堡二圳係黃仕卿於清康熙60年
（1721）完成開鑿，正式啟用。隨著八堡二圳的主線開鑿完成，吸引
不少的漢人前來拓墾，庄內從八堡二圳西溝鑿有永田分線灌溉渠道，
加速當地的農業發展。日治時期大正9年（1920）設田尾庄小紅毛社
大字，轄小紅毛社、新厝仔。1946年10月，日治時代小紅毛社大字新
厝仔設新興村。

　　現今，新興村計有343戶1232人（2019年9月底）。[146]居民大多種
植水稻、芭樂、疏菜等，轄內居民姓氏以蕭、邱、李姓較多。

（二）客裔分佈

　　關於新厝仔的客裔分佈情形，根據大正4年（1915）第二次臨時
臺灣戶口調查的統計資料顯示：小紅毛社（福田村、新興村）的人口
數達1112人，廣東籍有19人，比例僅1.7%。實際上，福建籍亦有客
裔，因此小紅毛社、新厝仔廣東籍或客裔的比例應當不是如此之低。
另外，筆者考察日治時期新厝仔地區的戶口調查簿資料，[147]以戶長作
為統計單位，據筆者所掌握的戶口調查簿資料僅有25筆，其主要姓氏
與其祖籍的統計資料大致如下：

146　彰化縣田尾鄉戶政事務所：https://house.chcg.gov.tw/tianwei/03search/sea_b2_01.asp?
　　offset=10，2019年10月5日搜尋。
147　田尾戶政事務所的日治時期戶口調查簿因1962年4月1日田尾鄉公所廳舍發生火
　　災，因而導致部份資料遭燒燬，是以現存資料難以完整。

表 2-9：日治時期新厝仔（新興村）戶口調查簿主要姓氏戶長數與祖籍統計資料

姓氏	戶長數	廣東	福建	無記載	廣東籍比例
蕭	18	0	5	13	0
邱	3	0	1	2	0
李	1	0	0	1	0

資料來源：筆者據日治時期鎮平戶口調查簿統計而成。

　　據筆者所統計資料，日治時期新厝仔登載為廣東籍0筆，然考察新厝仔的信仰與生活景觀，輔以現存的祖譜或田調資料，新厝仔有一定比例的廣東籍或客裔，我們從各姓氏來臺祖的祖籍與其族人聚居地或可略知新厝仔的客裔主要有：

1. 蕭姓客裔

　　根據日治時期新厝仔戶口調查簿，蕭姓戶長計有18戶，其中有5筆登載為福建籍，並無廣東籍。然經考察，新厝仔蕭姓田中、社頭書山派同源，一說也是客家後裔。

　　現今，新厝仔疑似蕭姓客裔主要分佈於新興村暗學仔、庄頭等角頭聚落。新厝仔蕭姓與田中、社頭書山派同源，祖籍為福建省漳州府南靖縣書洋鎮。

2. 邱姓客裔

　　根據日治時期新厝仔戶口調查簿，邱姓戶長計有3戶，其中有1筆登載為福建籍，並無廣東籍。然經考察，新厝仔邱姓當為廣東籍（潮州府饒平縣），登記為福建籍應是訛誤。

　　現今，新厝仔邱姓客裔主要分佈於新興村庄尾、田頭、崁頭仔等

角頭聚落。新厝仔邱姓為二十一世邱華喜派下，祖籍為廣東省潮州府饒平縣元歌都牛皮社烏石角鄉。[148]

圖 2-12：新興村仁興巷邱氏古厝的正廳為祖堂，正中央為祖先牌位，存有客家遺風

3. 李姓客裔

根據日治時期新厝仔戶口調查簿，李姓戶長計有1戶，並無登載祖籍。然筆者經實地考察，新厝仔李姓的祖籍為福建省漳州府平和縣山田鄉山內村，毗鄰詔安縣，亦是客家分布區。福田村、新興村的李姓多為族親，一些李姓後裔表示他們祖先原來自苗栗，[149]福田村李家祠堂振聲堂的廳堂正中央為祖先牌位，存有客家遺風。大抵而言，新厝仔的李姓住民多為客裔是沒有問題的。

現今，新厝仔李姓客裔主要分佈於新興村三角圍一帶。李姓族人主要為隴西堂玉書公派下，祖籍為福建省漳州府平和縣山田鄉山內村。

---

148 見雲林縣元長鄉新吉村邱氏裕德堂紅公厝祖先牌位。
149 福田村李松聰等人口述，2013年7月23日採訪。

4. 林姓客裔

　　新厝仔林姓客裔主要分佈於新興村庄尾一帶。新厝仔林姓為十三世林金派下，祖籍為潮州府饒平縣小榮社南山尾鄉。[150]

圖 2-13：新興村興福宮後方的蕭氏古厝

十　三十張犁

（一）歷史開發梗概

　　三十張犁地當彰化隆起海岸平原之南方，舊濁水溪之北岸，村內聚落多半集中分布於村境東方，原包含仁里村與新厝村之範圍，聚落主要沿前庄巷、中庄巷、後庄巷、中正路、三溪路一帶分佈。「三十張犁」地名緣於當地過去開發時，有墾地150甲（每張犁約五甲地）而得稱。[151]

150　邱彥貴等編撰，《彰化縣客家族群調查》，頁133。

151　參見葉爾建等撰述，《臺灣地名辭書・彰化縣》，頁850。

　　日治時期小字土名三十張犁主要涵蓋現今仁里村、新厝村，主要
有前庄、中庄、後庄、過圳、後壁圳、八號仔、牛埔田等7個角頭聚
落。根據《臺灣地名辭書·彰化縣》以及2013年11月田尾鄉村、鄰行
政區劃等資料，前庄分佈範圍大致屬於仁里村第1、2鄰，當地住民以
彭姓為多；中庄分佈範圍大致屬於仁里村3-7鄰；後庄分佈範圍大致
屬於仁里村第12-16鄰，當地住民以李、莊、顏姓為多；過圳分佈範圍
大致屬於仁里村第8-11鄰，地名緣於從仁里村莊內抵達該聚落，需越
過該村境內仁里中排水圳（三十張犁分線）而得名，當地住民以王、
許、吳姓為多；[152]後壁圳分佈範圍大致屬於仁里村第17、19鄰，地名
緣於此地位於庄頭後方（北方）圳溝一帶而得名；[153]八號仔分佈範圍
大致屬於仁里村第村第18鄰，地名緣於過去該地為日治時代日人之移
民村，八為其序號，故得名；[154]牛埔田分佈範圍大致屬於新厝村第3
鄰，地名緣於過去開墾初期，此地為農家放牧牛隻的草埔而得名。[155]

　　三十張犁發展與清水溪與八堡二圳的開鑿有關。隨著八堡二圳的
主線開鑿完成，許多漢人紛紛入墾，道光30年（1830）周璽《彰化縣
誌》在「東螺東西保各庄名」已見有「三十張犁」的存在，[156]而永靖
忠實第家藏的《邱氏族譜》記載著五品官邱萃英之祖父邱華循於乾隆
年間移居東螺保三十張犁庄，[157]可知最遲於乾隆年間已經出現「三十

---

152 參見葉爾建等撰述，《臺灣地名辭書·彰化縣》，頁850；仁里村長洪元振口述，
　　2013年3月14日採訪。

153 參見葉爾建等撰述，《臺灣地名辭書·彰化縣》，頁850；仁里村長洪元振口述，
　　2013年3月14日採訪。

154 參見葉爾建等撰述，《臺灣地名辭書·彰化縣》，頁81；仁里村長洪元振口述，
　　2013年3月14日採訪。

155 參見葉爾建等撰述，《臺灣地名辭書·彰化縣》，頁851；仁里村長洪元振口述，
　　2013年3月14日採訪。

156 詳見周璽，《彰化縣誌》，頁148。

157 詳見永靖忠實第《邱氏族譜》家藏本，此一份資料記載：「公在內地去世有年，家
　　頗困乏。姚之外家在臺灣致成家業。姚因挈其長次二子渡臺往依焉，初住彰化縣

張犁」聚落；此一聚落發展至日治時期，舊地號上傳統稱之為田尾庄大字「溪子頂」之下的小字「三十張犁」，範圍大致是今日行政區田尾鄉仁里村、新厝村一帶。

三十張犁聚落的發展大抵是農村的型態，不過相較於大多數的農村，三十張犁則顯得較有規劃、建設與富庶景象，見諸庄內存留的「順成商店」、「金萬安商店」等歷史建築物，可以推知日治時期的三十張犁是一個頗為熱絡的村庄，根據昭和14年（1939）年底之統計資料，當時三十張犁之戶數約有248戶，人口數達1882人，由之亦見其為一頗具規模之聚落。[158]根據仁里村村長洪元振表示：三十張犁是一個相當團結的村落，在日治時期庄內即已經朝向現代化農村邁進，並且施作種種軟、硬體建設，大大提升、改善了庄內的生活環境品質，在日治時代更是獲得日本政府官方的認定，並且被表揚為台中州模範部落第一名；一直到現在，本村的社區總體營造依然作得有聲有色，也屢屢獲得政府的獎勵，這是本村相當引以為傲的。

關於三十張犁作為台中州優良部落第一名的歷史背景，大概可以從昭和8年（1933）談起。昭和7年（1932）12月臺中州制定「社會教化委員會規程」，州內各地開始籌組「部落振興會」；昭和8年5月5日三十張犁在彭賜啟等諸位地方聞人的引領下，成立「部落振興會」，彭賜啟並擔任創會會長，開始進行部落的各項建設工程，包含教化事業、環境改善、產業振興等等，並以配合日本官方政策為宗，積極投入部落改造，成為了日本同化政策下的指標型聚落。

隨著部落振興會的成立，三十張犁住民積極地投入部落改造；根

深坑子塗庫，後移居東螺保三十張犁庄，為來臺始祖妣。二十三世祖華循公生五子，雍正七年生，乾隆五十四年終，享壽六十一歲，葬三十張犁尾埔，近田尾庄。」可知乾隆年間三十張犁村庄聚落當已出現。

158 關於日治時期三十張犁之人口戶數，見邱淼鏘，《部落教化的實際》（田尾：三十張犁部落振興會，1940年9月），頁6。

據昭和12年（1937）的調查，三十張犁部落振興會年度預算高達3220圓，遠遠是北斗郡內平均值（481圓）的7倍，由之可見三十張犁部落振興會的用心。[159]在三十張犁部落振興會的努力經營下，昭和8年（1933）三十張犁即以納稅成績優良第一名獲得田尾庄長表揚，其後年年納稅成績屢屢在田尾庄內掄元。昭和12年（1937）三十張犁部落振興會開始進行「部落振興會第一次五年（建設）計畫」，翌年（1938）6月隨即獲田尾庄教化聯合會評為優良部落，同年年底亦獲臺中知事表揚。

隨著皇民化時期的到來，部落振興會更加積極地投入部落改造，昭和15年（1940）2月11日各方依據「皇紀二千六百年記念優良部落振興會」之審查結果，舉行優良部落表揚儀式，北斗郡田尾庄三十張犁部落振興會一連在田尾庄教化聯合會、北斗郡教化聯合會、臺中州教化聯合會皆被評為第一名，並獲臺灣教化團體聯合會選定頒獎，其後臺中州教化聯合會長更指定三十張犁為「特定指導部落」。其時三十張犁作為優良部落而聞名全台，各地參訪者絡繹不絕，包含中壢郡視察團、大甲郡視察團、大屯郡視察團、彰化郡視察團、員林郡視察團等都曾先後至三十張犁參觀取經，由之可見三十張犁當時的風光情景。

日治時期大正9年（1920）設田尾庄溪仔頂大字三十張犁小字；1946年10月1日，本村由日治時代溪仔頂大字三十張犁設仁里村，仁里一稱應取自「里仁為美」一詞。

現今，仁里村計有534戶1884人（2019年9月底）。[160]居民多依農為生，專產水稻、蔬菜、花卉等。該村住民多彭、王、許三大姓氏，彭姓族人最早入墾此地，彭氏原為大地主，擁有土地60餘甲，招墾墾戶納租，因而仁里村有30餘姓。

159 參見北斗郡役所，《北斗郡概況》（台北：臺灣新民報社，1938年4月），頁36-44。

160 彰化縣田尾鄉戶政事務所：https://house.chcg.gov.tw/tianwei/03search/sea_b2_01.asp?offset=0，2019年10月5日搜尋。

（二）客裔分佈

關於三十張犁的客裔分佈情形，根據大正4年（1915）第二次臨時臺灣戶口調查的統計資料顯示：溪仔頂庄（溪頂村、正義村、仁里村、新厝村等）的人口數達2133人，廣東籍有66人，比例達3%。實際上，溪仔頂庄的廣東籍主要為三十張犁的彭姓，係屬客裔；下述筆者考察日治時期三十張犁地區的戶口調查簿資料，[161]以戶長作為統計單位，據筆者所掌握的戶口調查簿資料計有349筆，其主要姓氏與其祖籍的統計資料大致如下：

表 2-10：日治時期三十張犁戶口調查簿主要姓氏戶長數與祖籍統計資料

姓氏	戶長數	廣東	福建	無記載	廣東籍比例
陳	41	0	41	0	0
許	37	0	37	0	0
李	28	0	28	0	0
王	25	0	25	0	0
彭	23	22	0	1	96%
林	17	0	17	0	0
周	16	0	16	0	0
邱	11	1	9	1	9%
洪	8	0	8	0	0
莊	7	0	6	1	0

資料來源：筆者據日治時期三十張犁戶口調查簿統計而成。

根據這份統計資料，輔以現存的祖譜或田調資料，我們大致可以略知三十張犁的客裔主要有：

---

161 田尾戶政事務所的日治時期戶口調查簿因1962年4月1日田尾鄉公所廳舍發生火災，因而導致部份資料遭燒燬，是以現存資料難以完整。

1. 彭姓客裔

根據日治時期曾厝崙戶口調查簿，邱姓戶長計有23戶，約佔曾厝崙戶口數的7%，其中有22筆登記為廣東籍，並無福建籍，無登載中1筆與同姓的廣東籍戶長同地號，疑為同宗族人，因此實際上彭姓戶長的廣東籍比例可能達100%。從這些資料來加以分析，三十張犁的彭姓來臺祖多為廣東籍，復以目前三十張犁的彭姓族人多自認為客家人。大抵而言，三十張犁的彭姓住民應當都是客裔。

現今，三十張犁彭姓客裔主要分佈於仁里村前庄一帶。三十張犁彭姓為肇華公、朴茂公派下，清道光年間二十世族人彭肇華、彭朴茂由大陸來臺，原籍為廣東省潮州府豐順縣，為客家地區。[162]現田尾鄉溪畔、田尾村等地的彭姓大多由此遷居，如溪畔有一延齡診所，醫師為彭清泉，曾任田尾衛生所主任，現診所為其子彭奏愷醫師接掌。

2. 邱姓客裔

根據日治時期海豐崙戶口調查簿，邱姓戶長計有11戶，約佔海豐崙戶口數的3%，其中有9筆登載為福建籍，僅有1筆載為廣東籍。然筆者經實地考察，三十張犁邱姓當為廣東籍（潮州府饒平縣），登記為福建籍是訛誤。

現今，三十張犁邱姓客裔主要為永靖忠實第同屬來臺始祖邱華循派下，祖籍為廣東省潮州府饒平縣。目前居住於三十張犁的邱姓客裔已相當少。

---

162 參見《彭氏族譜來臺開居祖二十世肇華公後代子孫錄》（1974年）。

十一　饒平厝

（一）歷史開發梗概

　　饒平厝位於舊濁水溪北側，村內屬八堡二分圳灌溉區，村內聚落主要沿光復路、中學路、中山路、公所路、東平巷、富農路、建平路、四維巷分佈，舊庄頭主要在東平巷崁頂一帶。地名緣於過去有一張姓來臺祖從廣東省饒平縣來此開墾、創建村莊而得名。[163]

　　土名饒平厝主要涵蓋現今饒平村，主要有頂庄、下庄（崁頂）、2號溪底、嚴厝、車路口、蔗埕、外蒙古等7個角頭聚落。根據《臺灣地名辭書·彰化縣》以及2013年11月田尾鄉村、鄰行政區劃等資料，頂庄分佈範圍大致屬於饒平村第2、17鄰；下庄（崁頂）分佈範圍大致屬於饒平村第3、13、15、16鄰，此區為張氏族人入墾區，當地區民以張姓多；[164]2號溪底分佈範圍大致屬於饒平村第第6、7、9、10、11、12、14、18、19鄰，地名緣於過去該地為日治時代日人移民村，2為其序號，故而得名。[165]嚴厝分佈範圍大致屬於饒平村第8鄰，地名緣於過去該地為嚴姓族人聚居的區域而得名；[166]車路口分佈範圍大致屬於北曾村第5鄰，地名緣於過去當地為糖廠五分車站的出入地而來；[167]蔗埕分佈範圍大致屬於饒平村第4鄰，地名緣於過去當地為糖廠小火車裝載甘蔗的場地而得名；[168]外蒙古分佈範圍大致屬於饒平村第1鄰，地名緣於臺灣剛光復時，有位警員因深感此地遠離饒平厝庄

163　參見葉爾建等撰述，《臺灣地名辭書·彰化縣》，頁835。

164　參見葉爾建等撰述，《臺灣地名辭書·彰化縣》，頁835；饒平村長陳君栓口述，2013年2月27日採訪。

165　參見葉爾建等撰述，《臺灣地名辭書·彰化縣》，頁835；饒平村長陳君栓口述，2013年2月27日採訪。

166　饒平村長陳君栓口述，2013年2月27日採訪。

167　參見葉爾建等撰述，《臺灣地名辭書·彰化縣》，頁836

168　參見葉爾建等撰述，《臺灣地名辭書·彰化縣》，頁836。

內，且須穿越羊腸小徑方能抵此偏僻之地，故嬉稱此地為外蒙古，意即此地自成一格，故而得名。[169]

饒平厝的發展與清水溪與八堡二圳的開鑿有關。隨著八堡二圳的主線開鑿完成，漢人前來拓墾，道光30年（1830）周璽《彰化縣誌》在「東螺東西保各庄名」已見有「饒平厝」的存在。[170]清代中期以降，饒平厝逐漸成為北斗街通往永靖地區的縱貫古道所必經的聚落，因而位置愈顯重要。日治大正10年（1921）濁水溪護堤築成後，原來的濁水溪（東螺溪）的支流清水溪流量大減，河床縮小，浮復地出現，日人於焉在此闢建為日人移民村宮北聚落（二號仔）；戰後，饒平村因緊鄰北斗市街，復以日人遷離移民村，本地湧入許多的新住戶。本地在日治大正9年（1920）設田尾庄饒平厝大字；1946年10月，本村由日治時代饒平厝大字析分設村，戰後本地即沿用饒平當村名。

現今，饒平村計有966戶3118人（2019年9月底）。[171]住民原以種植水稻、蔬菜為主，近來種花木的村民也不少。鄉內主要機構如鄉公所、國民中小學、農會、衛生所、電信局、花卉集散中心等，皆在本村之內，可說是本鄉最繁榮之村莊。饒平村居民組成份子除原來清末時期與日治時期就居住於東平巷崁頂陳、張二大家族外，另有公所路前的郭、蘇、許、白等家族還有外蒙古的劉、張家。

（二）客裔分佈

關於饒平厝的客裔分佈情形，根據大正4年（1915）第二次臨時臺灣戶口調查的統計資料顯示：饒平厝庄（饒平村與睦宜村）的人口數達693人，廣東籍有3人，比例僅有0.4%。實際上，廣東籍多為客

169 參見葉爾建等撰述，《臺灣地名辭書・彰化縣》，頁836。
170 周璽，《彰化縣誌》，頁148。
171 彰化縣田尾鄉戶政事務所：https://house.chcg.gov.tw/tianwei/03search/sea_b2_01.asp? offset=10，2019年10月5日搜尋。

裔，登記為福建籍亦頗多為客裔，復以饒平厝地名為廣東省潮州府地名，因而饒平村的客裔比例不應如此之低。關於饒平厝客裔的分佈，我們從各姓氏來臺祖的祖籍與其族人聚居地或可探知客裔的分佈情形；筆者試圖考察日治時期饒平厝地區的戶口調查簿資料，[172]以戶長作為統計單位，據筆者所掌握的戶口調查簿資料計有96筆，其中有80筆為日人，漢人僅有16筆且多為各地遷來，地號多落於330-389號，此區概為2號移民村，因此罕見漢人戶籍資料，至於其他地號的漢人戶籍資料恐多已燒毀，因此饒平村僅能以現存的祖譜或田調資料來考察客裔的分佈情形。大體而言，饒平厝的客裔主要有：

1. 張姓客裔

「饒平厝」緣於來自廣東饒平縣的張姓在此創建村莊而得名，崁頂一帶為其開墾區，因此饒平厝的張姓頗多為廣東籍。大抵而言，饒平厝的張姓住民應當有不少為客裔。

現今，饒平厝張姓客裔主要分佈於饒平村崁頂一帶，為張氏血緣聚落。饒平厝的張姓客裔來臺祖為張仲和等人，雍正年間來臺，原籍為潮州府饒平縣。

2. 詹姓客裔

現今，饒平厝有部分詹姓客裔。詹姓族人的來臺祖主要為饒平十五世詹登派下，渡臺居竹塘，後裔傳衍饒平厝，原籍為廣東省潮州府饒平縣元歌都三饒鄉。[173]

---

172 田尾戶政事務所的日治時期戶口調查簿因1962年4月1日田尾鄉公所廳舍發生火災，因而導致部份資料遭燒燬，是以現存資料難以完整。

173 參見詹玉柱、詹仁道主編，《詹氏族譜》，頁系123。

第三章
田中鎮客裔族群的分佈之考察

榕仔腳許氏開臺祖許若麟入祀田中鎮中潭里許氏宗祠

　　根據洪敏麟《臺灣舊地名之沿革》、劉金志《故鄉田中》二書記載，康熙48年（1709）施世榜招攬漳、泉、粵籍入墾田中央（今北路里、西路里、東里、南路里、中路里），此後從乾隆末年以迄嘉慶年間，陸續有福建漳州府和泉州府的漢人以及少部份客籍入墾田中，這些漢人在山腳路沿線以及外三塊厝、內三塊厝、沙崙仔等地建立聚落。[1]這些清治初期入墾田中鎮的移民中，有來自漳州南靖、平和、詔安以及潮州饒平者，其中應有不少的客家人，不過至今多被福佬人同化。[2]大致而言，目前關於田中鎮的客家文獻記載相當貧乏，因此本章針對田中鎮進行全面客裔族群分佈的考察，以見客家族群在田中鎮歷史開發的世系傳衍。

圖 3-1：田中鎮卓乃潭地區蕭姓客裔興築書山祠（蕭家宗祠）

1　參見洪敏麟，《臺灣舊地名之沿革　第二冊（下）》（台中市：臺灣省文獻委員會，1984年），頁326；劉金志，《故鄉田中》（田中鎮：財團法人彰化縣賴許柔文教基金會，2009年8月）。

2　參見劉俊龍，〈水圳建設與彰化平原的開發〉（台南：成功大學歷史語言研究所碩士論文，1993年），頁29。

第一節　田中鎮的開發與客家族群入墾概況

　　康熙60年（1721）清政府在現今彰化縣東南半部設置東螺保、大武郡保；雍正12年（1734），東螺保分為東螺東保、東螺西保，大武郡堡分為大武郡東堡及大武郡西堡（後簡稱武東堡及武西堡；現今田中鎮田中央（東路里、西路里、南路里、北路里、中路里、新庄里）、內灣（東源里、碧峰里、香山里）、普興庄（復興里）、卓乃潭（頂潭里、中潭里、龍潭里）、大平（平和里）劃入武東保，大紅毛社（大社里）、外三塊厝（三民里、三光里、梅州里）、大新（沙崙里、新民里、梅州里）、三塊厝（三安里）、內三塊厝（三安里、大崙里）大致劃入東螺東保。

　　關於田中鎮的歷史開發緣於康熙48年（1709），墾首施世榜籌措鉅資興築濁水圳（八保一圳），自民間鄉濁水村引濁水溪水（現今之入水口已經改由集集攔河堰引水至八堡圳道）灌溉田園，歷經十年的修築，終在康熙58年（1719）竣工，流經東螺保、大武郡保等處（包含二水、田中、田尾等地），為清代全臺規模最大的水利工程；到了康熙60年（1721）墾首黃仕卿再引濁水溪開鑿十五莊圳（八保二圳），隨著八保一圳、八保二圳的完成，雍正、乾隆年間以降大批漢人於溝渠汲水處拓墾定居，促成田中地區的聚落陸續出現。[3]根據道光11年（1831）的《彰化縣志》，當時現今田中鎮的轄區已有悅興街、三塊厝、紅毛社、崁頂莊、卓乃潭、田中央、大新莊、小新莊、內灣莊、太平莊、石厝莊、錦湖莊、普興莊、香山莊、七張犁、四塊厝、良吉莊、梅洲莊、同安寮、沙仔崙、內十張犁、外十張犁等22街莊的聚落，[4]分屬武東保、東螺東保二保境內。至此，其與今日之聚

3　謝瑞隆總編纂，《田中鎮志》（彰化縣田中鎮：彰化縣田中鎮公所，2014年12月），頁4。

4　周璽，《彰化縣誌》（彰化：彰化縣文獻委員會，1993年3月再版），頁45、48-49。

落已相差無幾,從而也可以發現田中鎮的土地棄迄於道光年間已初步開發有成。

　　參酌楊緒賢撰《臺灣區姓氏堂號考》、洪敏麟《臺灣舊地名之沿革》、劉金志《故鄉田中》等文獻史料,莊天賜在《田中鎮志・歷史篇》、《田中鎮志・社會篇》指出:康熙45年(1706)福建省漳州府南靖縣許若麟於渡海來臺,拓墾本鎮卓乃潭地區,其後,又有同鄉族親許高、許日昭、許質樸、許利、許會等先後來到田中;康熙年間,龍溪縣移民謝永捷、謝永直兄弟入墾小新莊(今新庄里);康熙晚期,福建省泉州府安溪縣卓佐渡海來臺入墾田中央;康熙末年,漳州府南靖縣石光渡海來臺,入墾田中地區;康熙61年(1722),漳州府漳浦縣謝七夕渡海來臺入墾田中,乾隆末葉再有謝謹信、謝永捷等入墾本地。康熙晚期,祖籍福建省漳州府長泰縣盧仕通渡海來來臺,入墾大紅毛社;康雍年間,祖籍福建省漳州府平和縣盧標、盧愛、盧俊渡海來臺,入墾田中地區。雍正初葉,有漳籍墾戶林廖亮者開墾於東螺溪沿岸地域,建沙崙莊;雍正年間,有廣東省潮州饒平籍屬劉巨淵派下的劉寧遠以及許高、許日昭父子來到田中拓墾;雍正、乾隆年間,漳州府南靖縣蕭奮派下數十名子弟入墾田中、社頭。嘉慶年間,漳州府漳浦縣赤湖人陳清遠、陳清揚、陳啟明兄弟來台後,即在內灣開墾。此外,年代不詳或嘉慶年間以後來到田中的拓墾者,有漳州南靖籍的呂姓、游姓家族;漳州平和籍的賴姓家族,以及廣東省潮州揭陽縣的盧姓家族。[5]

　　從上述可以看出,清代田中的開墾者是以來自福建漳州的移民居多,福建泉州籍和廣東潮州籍家族則較弱勢。在族群屬性上,來自福建泉州的卓姓和孫姓開墾者屬福佬人,來自廣東潮州的劉姓和盧姓拓墾者屬客家人,應殆無疑義。而來自福建漳州的開墾者,涵蓋南靖、

5　參酌謝瑞隆總編纂,《田中鎮志》,頁143-146、477-480。

漳浦、平和、長泰、詔安等5個縣，其中，詔安縣大部分屬於客家地區，南靖、平和少部分屬客家地區，目前已知來自詔安的陳德賀；南靖縣書洋鄉客家地區的蕭姓、呂姓；平和縣坂子客家地區的賴姓概屬客家人，只不過目前已被同化成為「福佬客」。由此觀之，早期漢人拓墾田中也有不少屬漳洲客家人。根據邱彥貴、吳正龍等人的調查研究，[6]彙整現存可稽的祖譜、文獻資料，其祖籍來自客家區或部分客家區者，入墾田中鎮早期開發的客籍人士主要有：

一、許姓來臺祖許若麟於康熙45年（1706）由福建省漳州府南靖縣永豐保水蔗社渡海來臺，拓墾本鎮卓乃潭地區。[7]雍正年間，許高、許日昭父子由漳州府南靖縣入墾田中；乾隆中葉，許質樸、許利、許會由漳州府南靖縣入墾田中。[8]

二、盧姓來臺祖為第十一世的盧標、十二世的盧愛、十三世的盧俊於康雍年間由福建省漳州府平和縣湳仔家庄渡海來臺，入墾田中地區。另，東源里山腳路盧姓渡台祖十二世盧崇德，原籍廣東省潮州府林田都竹橋社（霖田都應為今廣東省揭西縣河婆），下傳十三世龍仁，十四世純惠；[9]居員林林厝仔庄，約於一百多年前遷居本鎮東源里，疑為客籍後裔，公廳右側保留名諱見陽的祖先牌位。[10]

三、劉姓來臺祖劉寧遠於雍正年間由廣東省潮州府饒平縣入墾田中。[11]

6　邱彥貴等編撰，《彰化縣客家族群調查》（彰化：彰化縣文化局，2005年8月），頁94。

7　參見許化周，《許氏大族譜》（無出版地，1994年），頁152-156。

8　參見楊緒賢，《臺灣區姓氏堂號考》（台北：台灣新生報社，1980年4月再版），頁223。

9　參見盧俊華主編、盧氏大族譜編輯委員會編，《盧氏大族譜》（臺中：創譯出版社，1972年），頁系36-37。

10　參見邱彥貴等編撰，《彰化縣客家族群調查》，頁86。

11　參見楊緒賢，《臺灣區姓氏堂號考》，頁214。

四、蕭姓來臺祖蕭奮派下數十名子弟於雍正、乾隆年間由福建省
　漳州府南靖縣入墾田中、社頭。《臺灣書山蕭氏文獻》載第
　六十九世蕭奮開臺祖於明末清初鄭成功驅逐荷蘭後來臺,見
　今頂潭里一帶漢人很少;[12]楊緒賢《臺灣區姓氏堂號考》則
　指出蕭奮派下數十名子弟於雍正、乾隆年間入墾田中、社
　頭。[13]

五、呂姓來臺祖為第十世的呂如章,屬於良簫公派下,於康熙末
　年由自南靖縣永豐里書洋社龍潭樓先入墾社頭,其後三房呂
　理、四房呂質派下部份族人移居田中鎮東源里和中潭里。[14]

六、游姓來臺祖為第十三世的文生、敏堆,由漳州府南靖縣下社
　鄉來台後入墾田中鎮麻寮底。根據游松賢、游遠義所提供的
　族譜記載,文生未傳,敏堆妻腰娘傳有待贈、光煥二房,目
　前居中州路一段和沙崙巷的游姓均屬於敏堆派下。[15]

七、賴氏始祖為第十五世賴薦,下傳馬家、馬親、馬藤三房,屬
　於心田薦公支派下,祖籍福建漳州平和縣心田。[16]大崙里賴
　氏屬於馬藤派下。

　　此外,大正年間日本政府從二水沿西螺這邊築起濁水溪堤防以
後,舊濁水溪變成一個新的浮腹地。日治時期大批桃竹苗地區的客家
人,就在日本政府的招募下,來到彰化開墾舊濁水溪的新生地,其中
以溪州鄉西畔村、北斗鎮新生里、田中鎮大崙里一帶都因新生地的開

---

12 參見書山祠管理委員會編,《臺灣書山蕭氏文獻》(彰化:編者,2001年),頁3。

13 參見楊緒賢,《臺灣區姓氏堂號考》,頁269。

14 參見呂姓族譜編纂委員會編著,《呂姓大宗譜》(台中:呂姓族譜編纂委員會,1968
年),頁系187。

15 參見何金賜主編,《台灣游氏族譜》(台中:台灣省各姓歷史淵源發展研究學會,
1988年),頁98-99。

16 參見賴氏大族譜編輯委員會編,《賴氏大族譜》(台中:台中賴羅傅宗親會,1968
年),頁33。

墾而吸引桃竹苗地區的客家人二次遷居，如大崙里何厝居民在戰後從苗栗縣公館鄉遷來田中。

第二節　田中鎮客裔的分佈

本節探討田中鎮客家聚落的分佈，為了避免現今行政區劃無法貼合文化生活圈的窘境，因此以日治時期的大小字為基礎分為田中（東路里、西路里、南路里、北路里、中路里、新庄里）、內灣（東源里、碧峰里、香山里）、普興庄（復興里）、卓乃潭（頂潭里、中潭里、龍潭里）、大平（平和里）、大紅毛社（大社里）、外三塊厝（三民里、三光里、梅州里）、大新（沙崙里、新民里、梅州里）、三塊厝（三安里）、內三塊厝（三安里、大崙里）等庄頭來分析各地聚落的歷史開發與客籍後裔分佈，並以日治時期各大小字聚落的戶口調查簿資料，以戶長作為統計單位，來分析各聚落主要姓氏與其祖籍的統計資料。其次再以尋找各村落主要姓氏的祖譜與祭祀祖牌以及客音稱謂的確認來初步找尋客裔的蹤跡，從而建構田中客家族群的分佈地圖。大體而言，從歷史發展脈絡與現況來加以考察，田中鎮的客裔主要分佈大紅毛社（大社里）、卓乃潭、大新、內三塊厝、內灣，其他諸如田中央、普興庄、大平、外三塊厝、三塊厝的客裔族群相當罕見，或有也多是後來婚嫁等關係而移入，缺乏客庄聚落發展的歷史脈絡與客庄的文化表徵，因此下述從大紅毛社、卓乃潭、大新、內三塊厝、內灣等五個單位來探討、以見客裔族群在田中鎮的分佈概況。

一　大紅毛社

（一）歷史開發梗概

大紅毛社位於大社里的北側，地名由來源於洪雅（Hoanya）平埔

族的聚落，因社人髮色較一般漢人赤紅，故稱之紅毛。本區接近往昔
之大武郡社，可能為其分社之一。又與西側約250公尺處之田尾鄉小
紅毛社相比，規模較大，因而稱為「大紅毛社」。[17]

日治時期的大紅毛社大字約莫涵蓋現今大社里，主要有大紅毛
社、大樹腳、大路店、排仔路頭等4個角頭聚落。根據《臺灣地名辭
書・彰化縣》以及2016年3月田中鎮里、鄰行政區劃等資料，大路店
仔概為大社里第1鄰，此處昔為彰化市南瑤宮媽祖信徒通往笨港進香
的必經之地，相傳當時聚落北側的路旁有一家小店，供應茶水給過往
的旅客飲用，又因聚落內的道路較其他路段為寬，故名為「大路店
仔」，居民以賴姓為多。[18]大樹腳概為大社里第2鄰。大紅毛社包含大
社里第3-6鄰，居民以盧姓為多，其次是郭姓、鐘姓。排仔路頭包含
大社里第7-10鄰，「排仔頭路」為筏仔頭路之訛稱，昔日舊濁水溪的
流路接近本聚落，位置當枋橋頭街、社頭街赴北斗地方渡河的要地，
因聚落建於設有筏渡之路頭而得名；另一說為路上曾豎有石牌，因得
稱，仍存疑；居民以陳姓為多。[19]大路店仔、大樹腳的人口不多，主
要人群集中在大紅毛社、排仔路頭兩聚落。

大紅毛社東側為八堡一圳，西緣為八堡二圳東溝，當地的開發與
八堡圳的開鑿密切相關。康熙48年（1709）泉州籍施世榜入墾大武郡
保、東螺保等地，並開鑿八堡一圳；清康熙60年（1721）黃仕卿接續
完成開鑿八堡二圳，隨著八堡一、二圳的主線開鑿完成，漢人前來本
地開墾漸多。關於本地聚落的發展，道光年間周璽《彰化縣志》在大
武郡東西保下，本地已出現「紅毛社」聚落，[20]迄於同治初年《臺灣
府與圖纂要》中在大武郡保內亦記載著「紅毛社厝」聚落。[21]大正9年

---

17 本段參見葉爾建等撰述，《臺灣地名辭書・彰化縣》，頁400。

18 參見葉爾建等撰述，《臺灣地名辭書・彰化縣》，頁401。

19 參見洪敏麟，《臺灣舊地名之沿革　第二冊（下）》，頁331。

20 周璽，《彰化縣志》，頁45-46。

21 《臺灣府與圖纂要》，頁221-222。

（1920），設田中庄大紅毛社大字，1946年大紅毛社改為大社里，並沿用至今。

現今，大社里計有320戶996人（2019年9月底）。[22]居民大多務農，種植水稻、蔬菜等，並以以盧、郭、賴、陳四姓為主。

（二）客裔分佈

關於大紅毛社的客裔分佈情形，根據1925年臺灣戶口調查的統計資料顯示：大紅毛社的人口數達533人，廣東籍0人，幾乎全為福建籍。實際上，廣東籍多為客裔，然登記為福建籍亦有客裔。考察日治時期大紅毛社地區的戶口調查簿資料，以戶長作為統計單位，據本研究所掌握的戶口調查簿資料計有116筆，其主要姓氏與其祖籍的統計資料大致如下：

表 3-1：日治時期大紅毛社戶口調查簿主要姓氏戶長數與祖籍統計資料

姓氏	戶長數	廣東	福建	無記載	廣東籍比例
盧	33	0	22	11	0
陳	22	0	9	13	0
賴	12	0	4	8	0
郭	10	0	4	6	0

資料來源：筆者據日治時期大紅毛社戶口調查簿統計而成。

關於大紅毛社客裔的分佈，我們從各姓氏來臺祖的祖籍與其族人聚居地或可探知客裔的分佈情形。大紅毛社的主要姓氏為盧、郭兩姓，大路店仔主要姓氏為賴姓，排仔路頭主要姓氏為陳姓。根據相關文獻，輔以現存的祖譜或田調資料，我們大致可以掌握大紅毛社郭姓

---

22 彰化縣田中鎮戶政事務所：https://house.chcg.gov.tw/tienchun/03search/sea_b2_01.asp，
2019年10月5日搜尋。

為郭朝老派下，嘉慶年間從福建省漳州府來臺，屬於福佬人；大紅毛社盧姓為盧仕通派下，康熙晚期從漳州府長泰縣青洋社渡海來來臺，[23]漳州府長泰縣以福佬人為主，然盧氏族人似存有客裔文化表徵，是否為客裔有待細考；排仔路頭陳姓亦從福建省漳州府來臺，屬於福佬人。大致而言，大社里的客裔主要有大路店賴姓：

1. 賴姓客裔

根據日治時期大紅毛社戶口調查簿，賴姓戶長計有12戶，約佔大紅毛社戶口數的15%，其中登記為福建籍有4筆，無登載中有8筆。從這些資料來加以分析，大紅毛社的賴姓祖籍為福建漳州平和縣心田，目前福建漳州平和縣心田姓的賴氏族人多被視為是福佬客。現今大紅社的賴姓族人多已福佬化，然考其語音，仍有客音殘留，如賴姓客裔在親屬稱謂中的客語殘留主要在母親的發音，這些客裔稱呼自己母親的發音大多為「.aㄧ（ㄚˆ）（一）」，少數念作「i　er（一）（ㄜˇ）」。

現今大社里賴姓客裔主要分佈於大社里大路店。賴姓族人主要為薦公支派下，賴薦下傳馬家、馬親、馬藤三房，大社里賴氏則屬於馬藤派下，祖籍為福建漳州平和縣心田。

二　卓乃潭

（一）歷史開發梗概

清代卓乃潭莊包括崁頂和上、中、下潭，範圍相當於今日之龍潭里、中潭里、頂潭里一帶。本區境內向來較周圍低窪，排水不佳，有沼澤地，故稱「卓乃」潭（閩音，意為凹下之水潭）。[24]劉金志《故鄉

23　參見盧俊華主編、盧氏大族譜編輯委員會編，《盧氏大族譜》，頁54-55。
24　參見葉爾建等纂述，《臺灣地名辭書·彰化縣》，頁402。

田中》則提出：相傳於二百多年前在今私立文興高級中學的北側天主堂北邊，有一口很廣闊又很深的潭，大家稱為大潭，為一個卓姓富翁所有，而此富翁討了一個漂亮的姨太太負責掌管，而這位卓姓的姨太太，大家尊稱卓奶奶，此大潭又被大家改名為卓奶潭，後來又簡稱為卓乃潭；又云，這口二百多年前的大潭，屬於一位富豪的潘姓番王所有，而番王的女兒潘氏卓乃嫁給大潭西邊的一位蕭姓青年為妻，以此口大潭作為陪嫁的嫁妝，因此大家稱此口大潭為卓乃潭。[25]

日治時期的卓乃潭大字約莫涵蓋現今頂潭里、中潭里、龍潭里。根據《臺灣地名辭書・彰化縣》以及2016年3月田中鎮里、鄰行政區劃等資料，頂潭里、中潭里、龍潭里等三里主要的角頭聚落如下：頂潭里主要的聚落為崁頂，崁頂概為頂潭里第1-5、7-12鄰，居民以蕭姓為主。中潭里主要有頂庄、榕仔腳、頂學仔等角頭聚落；頂庄包含中潭里第1-3、12-14鄰以及第4鄰部分，居民以蕭姓為主；榕仔腳為中潭里第5-7鄰以及第4鄰部分，居民以許姓為主；頂學仔大概包含中潭里第8-11鄰，居民以許、蕭等姓為主。龍潭里主要有龍潭、良吉庄（新起厝）等角頭聚落，龍潭包含龍潭里第1-9鄰，居民以蕭姓為主；良吉庄為龍潭里第10-12鄰，居民以葉、蕭姓為主。

卓乃潭橫亙八堡一圳，西緣為八堡二圳，當地的開發與八堡圳的開鑿密切相關。康熙48年（1709），泉州籍施世榜開鑿八堡一圳；康熙60年（1721），黃仕卿於清完成開鑿八堡二圳。隨著八堡一、二圳的主線開鑿完成，吸引不少的漢人前來拓墾。乾隆初年，蕭姓入墾枋橋頭（今社頭鄉）、紅毛社（今田中鎮大社里一帶）、篤奶潭（即卓乃潭，今田中鎮鎮頂潭、中潭、龍潭里一帶）等地。[26]道光年間周璽《彰化縣志》已有「崁頂莊」和「卓乃潭」、「良吉」三聚落的出現；[27]同

---

25 劉金志，《故鄉田中》，頁8。

26 參見林文龍，《臺灣中部的開發》（臺北市：常民文化出版社，1998年），頁77。

27 周璽，《彰化縣志》，頁45-46、48-49。

治初年《臺灣府輿圖纂要》在大武郡保、東螺保下，載有「崁頂莊」和「卓乃潭莊」、「良吉」三聚落。[28]日治時期大正9年（1920）設田中庄卓乃潭社大字，1945年卓乃潭析分為頂潭里、中潭里、龍潭里，並沿用至今。

現今，頂潭里計有462戶1498人、中潭里計有658戶2026人、龍潭里計有222戶679人（2019年9月底）。[29]三里居民大多務農，種植水稻等，頂潭里居民以蕭姓為主，中潭里頂庄居民以蕭姓為主，中潭里榕仔腳居民以許姓為主，中潭里頂學仔居民以許、蕭等姓為主，龍潭里居民以蕭姓為主，龍潭里良吉庄以葉、蕭姓為多。

（二）客裔分佈

關於卓乃潭的客裔分佈情形，根據1925年臺灣戶口調查的統計資料顯示：卓乃潭的人口數達1990人，廣東籍0人，幾乎全為福建籍。實際上，登記為福建籍亦有客裔。考察日治時期卓乃潭地區的戶口調查簿資料，以戶長作為統計單位，據本研究所掌握的戶口調查簿資料計有625筆，其主要姓氏與其祖籍的統計資料大致如下：

表 3-2：日治時期卓乃潭戶口調查簿主要姓氏戶長數與祖籍統計資料

姓氏	戶長數	廣東	福建	無記載	廣東籍比例
蕭	301	0	107	194	0
許	73	0	26	47	0
葉	26	0	8	18	0

資料來源：筆者據日治時期卓乃潭戶口調查簿統計而成。

---

28 《臺灣府輿圖纂要》，頁221-222、228-229。

29 彰化縣田中鎮戶政事務所：https://house.chcg.gov.tw/tienchun/03search/sea_b2_01.asp，2019年10月5日搜尋。

根據這份統計資料，輔以現存的祖譜或田調資料，良吉庄葉姓祖籍福建省泉州府永春縣，當為福佬人。大致而言，卓乃潭的客裔主要為蕭、許兩姓，略述如下：

1. 蕭姓客裔

根據日治時期卓乃潭戶口調查簿，蕭姓戶長計有301戶，約佔卓乃潭戶口數的75%，其中登記為福建籍有107筆，無登載中有194筆。蕭姓族人幾乎為蕭奮公派下，依《臺灣書山蕭氏文獻》，第六十九世蕭奮為開臺祖，其係於明末清初鄭成功驅逐荷蘭後來臺，見今頂潭里一帶漢人很少，一片瘴癘之氣，經過多年的開發，始成一片良田。[30] 目前蕭奮公派下多被視為是福佬客。

蕭姓客裔主要分佈於頂潭里崁頂庄、中潭里頂庄、中潭里頂學仔、龍潭里龍潭、龍潭里良吉庄。楊緒賢撰《臺灣區姓氏堂號考》則指出蕭奮派下數十名子弟入墾田中、社頭的時間是在雍正、乾隆年間。[31] 蕭姓祖籍福建省漳州府南靖縣書洋鄉山下村，第六十九世蕭奮為開臺祖，其係於明末清初鄭成功驅逐荷蘭後來臺。[32]

2. 許姓客裔

根據日治時期卓乃潭戶口調查簿，許姓戶長計有73戶，約佔卓乃潭戶口數的18%，其中登記為福建籍有26筆，無登載中有47筆。許姓族人許姓族人主要為若麟公派下，亦被視為是福佬客。

許姓客裔主要分佈於中潭里榕仔腳一帶。許姓族人開臺祖許若麟於康熙45年（1706）渡海來臺，拓墾本鎮卓乃潭地區，其後，又有同鄉族親許高、許日昭、許質樸、許利、許會等先後來到田中，繁衍後

---

30 參見書山祠管理委員會編，《臺灣書山蕭氏文獻》，頁3。

31 參見楊緒賢，《臺灣區姓氏堂號考》，頁269。

32 參見書山祠管理委員會編，《臺灣書山蕭氏文獻》，頁3。

代，逐漸於中潭里形成許姓聚落。[33]許姓祖籍福建省漳州府南靖縣永豐保水蔗社。

圖 3-2：許氏宗祠奉祀許氏歷代祖先　　圖 3-3：開臺祖許若麟入祀
　　　　　　　　　　　　　　　　　　　　　　中潭里許氏宗祠

圖 3-4：許姓古厝（中潭活動中心對面）以正廳為核心，往左右擴延出
　　　　數個橫屋，正身前方有三道圍牆，防禦性極強

33　參見許化周，《許氏大族譜》，頁152-156。

圖 3-5：許姓古厝（活動中心對面）的祖先牌位詳列各世先祖，祖牌上
　　　　仍可發現「孺人」的使用

三　大新

（一）歷史開發梗概

　　日治時期的大新大字約莫涵蓋現今沙崙里、新民里、梅州里。沙
崙里、新民里等2里舊稱舊街仔，又名沙仔崙，這2里主要有舊街仔、
公館底、陳家厝、六甲頂、田中黃金城社區等角頭聚落。根據《臺灣
地名辭書・彰化縣》以及2016年3月田中鎮里、鄰行政區劃等資料，
舊街仔包含沙崙里第1-5、7、8鄰以及新民里第3-7鄰，舊街聚落又名
「沙仔崙」，位於沙崙里東側，為昔日舊濁水溪之右岸，多河床沙
丘，因而得名。[34]陳家厝包含新民里第8鄰。公館底舊聚落包含新民里
第9-10、21、22鄰，地名源於該地為昔日業戶收租的地方，今屬新民
里。[35]六甲頂包含新民里第1-2鄰。田中黃金城社區為新民里第11-19

34　參見葉爾建等纂述，《臺灣地名辭書・彰化縣》，頁396。
35　參見葉爾建等纂述，《臺灣地名辭書・彰化縣》，頁397。

鄰,公館底新社區為新民里第20、23-27鄰,沙崙里第6、9-12鄰係屬舊街仔庄外而多為外移人口。[36]梅州里主要有八分、梅州、六甲等3個角頭聚落,根據《臺灣地名辭書・彰化縣》以及2016年3月田中鎮里、鄰行政區劃等資料,八分包含梅州里第1-3鄰;梅州庄包含梅州里第4-7鄰;六甲包含梅州里第8-9鄰,地名由來係原來耕地面積有六甲,原為沙崙街的一部份,今屬梅州里。[37]

大新大字位於八堡二圳西側,當地的開發與八堡二圳的開鑿密切相關。康熙60年(1721),黃仕卿於清完成開鑿八堡二圳,隨著八堡二圳的主線開鑿完成,不少漢人前來此地拓墾;此地在清治時期屬於東螺保,周璽《彰化縣志》在東螺東西保載有悅興街、梅洲莊、沙仔崙、大新莊即位於大新。[38]同治初年《台灣府輿圖纂要》載有東螺保載有十張犁莊、梅洲莊、悅興街、沙仔崙街、沙仔崙莊、大新莊等聚落都位於大新大字。[39]日治時期大正9年(1920)設田中庄大新大字,1945年內三塊厝析分為沙崙里、新民里、梅州里,並沿用至今。

現今,沙崙里計有586戶2129人、新民里計有1523戶5055人、梅州里計有472戶1507人(2019年9月底)。[40]新民里土地大多為田中鎮新興社區,沙崙里居民頗多從事酪農業或旱作栽植,舊街住民以黃、陳姓為多。梅州里居民多從事農作,居民以葉、黃、陳姓為多。

(二)客裔分佈

關於大新的客裔分佈情形,根據1925年臺灣戶口調查的統計資料

---

36 沙崙里前里長謝英其口述,2012年12月3日採訪;新民里里長何在鎣口述,2012年12月23日採訪。

37 參見葉爾建等纂述,《臺灣地名辭書・彰化縣》,頁396。

38 周璽,《彰化縣志》,頁48-49。

39 《臺灣府輿圖纂要》,頁228-229。

40 彰化縣田中鎮戶政事務所:https://house.chcg.gov.tw/tienchun/03search/sea_b2_01.asp,2019年10月5日搜尋。

顯示：大新的人口數達1695人，廣東籍1人，幾乎全為福建籍。實際上，登記為福建籍亦有客裔。考察日治時期大新地區的戶口調查簿資料，以戶長作為統計單位，據本研究所掌握的戶口調查簿資料計有394筆，其主要姓氏與其祖籍的統計資料大致如下：

表 3-3：日治時期大新戶口調查簿主要姓氏戶長數與祖籍統計資料

姓氏	戶長數	廣東	福建	無記載	廣東籍比例
陳	82	0	31	51	0
黃	81	0	29	52	0
葉	52	0	18	34	0
游	15	0	3	10	0
蕭	14	0	6	8	0
盧	13	0	6	7	0

資料來源：筆者據日治時期大新戶口調查簿統計而成。

　　關於大新客裔的分佈，我們從各姓氏來臺祖的祖籍與其族人聚居地或可探知客裔的分佈情形。日治時期大新以陳、黃、謝、游、蕭、盧等姓氏族人為主，其中陳家祖籍為福建省泉州府同安縣馬巷口社，開臺祖陳清風於清代渡海來臺，原居今埤頭鄉，陳清風子陳五美移居田中。陳五美長子陳錫齡曾為清代武秀才。[41]梅州里葉家祖籍福建省泉州府永春縣，開臺祖葉顏與妻劉發娘於清代前期渡海來臺，落籍大新。蕭姓祖籍福建省漳州府南靖縣書洋鄉山下村，第六十九世蕭奮為開臺祖，其係於明末清初鄭成功驅逐荷蘭後來臺。根據相關文獻，輔以現存的祖譜或田調資料，大新陳姓氏族人多為福佬人，舊街黃、游、盧應為客裔。關於舊街黃、游、盧姓客裔的相關客家文化質素如下：

---

41 陳水源，《纂修臺灣陳氏道明公後裔族譜》，頁216。

1. 黃姓客裔

　　沙崙里黃姓客裔主要分佈於沙崙里舊街一帶，祖籍為廣東省潮州府饒平縣，開臺祖黃君必、黃君倫兄弟，初始先來到臺中大雅區，其後人部分遷往散居田中鎮，目前黃姓概屬黃君必、黃君倫兄弟派下。

2. 游姓客裔

　　沙崙里游姓客裔主要分佈於沙崙里舊街一帶，祖籍為福建省漳州府南靖縣下社鄉，渡臺祖為第十三世的文生、敏堆公。來臺後直接入墾田中。根據游松賢、游遠義所提供的族譜記載，文生未傳，敏堆妻腰娘，傳有待贈、光煥二房。目前居中州路一段和沙崙巷的游姓均屬於敏堆派下。[42]

圖 3-6：沙崙里游氏古厝

42 何金賜主編，《臺灣游氏族譜》，頁98-99。

3. 盧姓客裔

　　沙崙里盧姓客裔主要分佈於沙崙里舊街一帶，祖籍為福建省漳州府平和縣淌仔家庄，屬大興公派下。開臺祖第十一世盧標、第十二世盧愛、第十三世盧俊於康雍年間渡海來臺，入墾田中地區。[43] 盧標生於康熙47年（1708），卒於乾隆42年（1777），取賴氏為妻，生有長談、次甘、三禹、四添、五天、六泉、七每、八胡八子，目前居住沙崙里的盧姓多為盧標派下裔孫。[44]

四　內三塊厝

（一）歷史開發梗概

　　日治時期的內三塊厝大字約莫涵蓋現今三安里、大崙里。三安里主要有同安寮、內三塊厝、尪公宅、大埕、四塊厝、大崙尾、興酪區等7個角頭聚落，根據《臺灣地名辭書・彰化縣》以及2016年3月田中鎮里、鄰行政區劃等資料，各聚落所處位置與地名源流如下：同安寮包含三安里第1-5鄰，地名的由來因初入墾者為福建省泉州府同安縣移民形成之地緣聚落；[45] 內三塊厝包含三安里第6-10鄰，因開墾初期，僅有卓、孫、謝三戶住家，因而得名；[46] 尪公宅包含三安里第12-16鄰，庄廟仁德宮的尪公原為本地地主祖先於福建故居地之守護神，後隨之攜臺奉祀於宅內廳堂，因而將本地稱為「尪公宅」；[47] 大埕角頭以三安里第11鄰為主，並包含三安里第15鄰部分；四塊厝包含大崙里

43　盧俊華主編、盧氏大族譜編輯委員會編，《盧氏大族譜》（臺中：創譯出版社，1972年），頁40-41。
44　盧俊華主編、盧氏大族譜編輯委員會編，《盧氏大族譜》，頁系41、說37-38。
45　洪敏麟，《臺灣舊地名之沿革　第二冊（下）》，頁331。
46　洪敏麟，《臺灣舊地名之沿革　第二冊（下）》，頁331。
47　參見葉爾建等纂述，《臺灣地名辭書・彰化縣》，頁394。

第4-9鄰以及3鄰部分，傳移民拓墾初期僅有四戶人家住屋而得名；[48]
興酪區主要為大崙里第1鄰；大崙尾包含大崙里第2、3鄰，昔日為河
岸沙丘的分布帶，聚落位在一個最大沙丘之末端，故得名。[49]

內三塊厝區域地處八堡二圳西側，當地的開發與八堡二圳的開鑿
密切相關；康熙60年（1721），黃仕卿於清開鑿八堡二圳，不少漢人
陸續進駐開墾。關於本地聚落的發展，根據道光年間周璽《彰化縣
志》在東螺東西保下，已有「四塊厝」和「同安寮」、「三塊厝」三聚
落的出現；[50]同治初年《台灣府輿圖纂要》載東螺保則有四塊厝莊、
大崙尾莊等聚落。[51]日治時期大正9年（1920）在本地設田中庄內三塊
厝大字，1945年內三塊厝析分為三安里、大崙里，並沿用至今。

現今，三安里計有569戶1804人、大崙里計有465戶1517人（2019
年9月底）。[52]三安里居民大多務農，種植水稻等，其中同安寮的住民
以曾、陳兩姓為多，內三塊厝的住民以孫、卓、謝姓為多，尪公宅、
大埔的住民以卓姓為多。大崙里居民除了水稻種植外，不少經營酪農
業與耕種花卉，居民以卓、張姓為多。

（二）客裔分佈

關於內三塊厝的客裔分佈情形，根據1925年臺灣戶口調查的統計
資料顯示：內三塊厝的人口數達533人，廣東籍0人，幾乎全為福建
籍。實際上，登記為福建籍亦有客裔。考察日治時期內三塊厝地區的
戶口調查簿資料，以戶長作為統計單位，據本研究所掌握的戶口調查
簿資料計有416筆，其主要姓氏與其祖籍的統計資料大致如下：

---

48 洪敏麟，《臺灣舊地名之沿革 第二冊（下）》，頁332。

49 洪敏麟，《臺灣舊地名之沿革 第二冊（下）》，頁332。

50 周璽，《彰化縣志》，頁48-49。

51 《臺灣府輿圖纂要》，頁228-229。

52 彰化縣田中鎮戶政事務所：https://house.chcg.gov.tw/tienchun/03search/sea_b2_01.asp，
　2019年10月5日搜尋。

表 3-4：日治時期內三塊厝戶口調查簿主要姓氏戶長數與祖籍統計資料

姓氏	戶長數	廣東	福建	無記載	廣東籍比例
卓	106	0	44	62	0
張	76	0	44	32	0
曾	40	0	15	25	0
謝	35	0	15	20	0
陳	27	0	15	12	0
孫	12	0	4	0	0
賴	12	0	3	9	0

資料來源：筆者據日治時期內三塊厝戶口調查簿統計而成。

關於內三塊厝客裔的分佈，我們從各姓氏來臺祖的祖籍與其族人聚居地或可探知客裔的分佈情形。日治時期內三塊厝以卓、張、曾、謝、陳、孫、賴等姓氏族人為主，其中內三塊厝卓家祖籍福建省泉州府，其一為來自安溪縣白石鄉，開臺祖可能是康熙晚期渡海來臺的卓佐，目前後裔主要聚居在大安路一段；[53]其二為來自南安縣石井鎮，後裔主要分布在大崙尾。[54]曾家來自福建泉州府同安縣，主要分佈在同安寮，據傳該庄媽祖乃曾姓先民從福建省同安縣渡海來臺攜來。謝家祖籍為福建省漳州府漳浦縣錦湖城，康熙末年先有謝七夕渡海來臺入墾田中，乾隆末葉再有謝謹信、謝永捷等入墾。[55]陳家祖籍為福建省漳州詔安縣，係為陳德賀派下。孫家祖籍為福建省泉州安溪縣，來臺祖為孫元等人。[56]根據相關文獻，輔以現存的祖譜或田調資料，內三塊厝卓、張、曾、謝、陳、孫等姓氏族人多為福佬人，僅有大崙尾

---

53 卓復政，《祖譜》，未出版，國家圖書館典藏。

54 崑崙宮提供，2012年8月21日，莊天賜採訪。

55 楊緒賢，《臺灣區姓氏堂號考》，頁229。

56 整理自楊緒賢，《臺灣區姓氏堂號考》。

的賴姓以及何姓為客裔。關於大崙尾的賴、何姓客裔的相關客家文化質素如下：

1. 賴姓客裔

　　大崙里賴姓客裔主要分佈於大崙里大崙尾、興酪區一帶。賴姓族人主要為賴薦派下，開臺祖第十五世賴薦於清代渡海來臺，賴薦育有馬家、馬親、馬籐等3子，其中馬籐派下部分後裔居於大崙地區。[57]賴姓祖籍福建漳州平和縣心田。

　　現今大崙尾賴姓客裔族人多已福佬化，考其相關生活文化的客家表徵已不太明顯，然仍潛藏其為客家後裔的表徵，如大安路二段316巷300弄的賴厝合院群有著形似「圍屋」的型態。

圖 3-7：大崙里賴氏古厝

57 賴氏大族譜編輯委員會編，《賴氏大族譜》，頁187。

圖 3-8：大崙里賴氏古厝周遭建築群有圍屋的形勢

2. 何姓客裔

　　大崙里何姓客裔主要分佈於大崙里大崙尾一帶。日治時期大正年間，日本政府從二水沿西螺這邊築起濁水溪堤防以後，舊濁水溪變成一個新的浮腹地，大批桃竹苗地區的客家人，就在日本政府的招募下，來到彰化開墾舊濁水溪的新生地，其中以溪州鄉西畔村、北斗鎮新生里、田中鎮大崙里一帶都因新生地的開墾而吸引桃竹苗地區的客家人二次遷居。田中鎮大崙里何厝先祖何錄生在日治時期從苗栗縣公館鄉遷往南投縣魚池鄉日月潭擔任長工，1934年日人由武界壩所引濁水溪溪水在日月潭周圍水社、頭社兩地分築土壩而成水庫，原在日月潭工作的何祿生工作受影響，約莫於1935年在原先雇主的引導下，被分配到田中鎮大崙里溪底溪埔地耕作。戰後，何祿生又招來族親何有進從苗栗縣公館鄉遷來田中鎮大崙里，成為田中鎮客家二次移民的代表。

　　大崙尾何姓族人主要為何祿生、何有進派下，開臺祖何紹毅於清
乾隆中期遷入今嘉義縣民雄鄉，後人移居今苗栗公館，何祿生、何有
進移居於本鎮大崙地區。何姓祖籍為廣東嘉應州鎮平縣。

　　現今大崙尾何姓客裔族人多已福佬化，考其相關生活文化的客家
表徵已不太明顯，然仍潛藏其為客家後裔的表徵，如大安路二段316
巷221弄的何厝合院群有著形似「圍屋」的型態。此外，每年農曆正
月16日何姓族人多會前往苗栗縣公館鄉掃墓祭祖其後清明節時才在田
中鎮掃墓（祭祀遷住田中往生的祖先）。[58]

圖 3-9：大崙里何氏古厝周遭建築群　圖 3-10：大崙里何氏古厝的公媽牌位
　　　　有圍屋的形勢

五　內灣

（一）歷史開發梗概

　　內灣莊指山腳路和中南路交會一帶的區域，地名由來於八卦臺地西側崖線，從弓鞋至井仔頭間，向東凹入，成一灣狀，聚落興建於灣口之處，因以命名。[59]又云以前的八堡一圳在此處特別彎曲，故以內灣為地名。[60]

　　日治時期的內灣大字約莫涵蓋現今東源里、碧峰里、香山里。根據《臺灣地名辭書・彰化縣》以及2016年3月田中鎮里、鄰行政區劃等資料，舊屬內灣庄範圍大致位於東源里、碧峰里等二里，這二里主要有內灣庄、檳榔仔、後庄仔等角頭聚落。內灣庄主要為東源里第1-4鄰以及碧峰里2-8鄰，其中東源里第5鄰以福隆宮土地公廟為信仰中心，碧峰里第1鄰榮民之家、第9鄰新社區則沒參加德安岩的祭祀活動。檳榔仔包含東源里第6-7鄰。

　　內灣大字位於八堡一圳東側，當地的開發與八堡一圳的開鑿密切相關。八堡圳係為康熙48年（1709）泉州籍施世榜入墾大武郡保、東螺保等地，並開鑿八堡一圳，隨著八堡圳的主線開鑿完成，吸引不少的漢人前來拓墾。此地在清治時期屬於大武郡保，周璽《彰化縣志》此時大武郡保下亦出現了內灣莊、香山莊等屬於今日本鎮的莊名。[61]同治初年《臺灣府輿圖纂要》載有大武郡保（分東、西保）的莊名：內灣莊、香山莊等都位於內灣大字。[62]日治時期大正9年（1920）設田中庄內灣大字，1945年內三塊厝析分為東源里、碧峰里、香山里，東源里、碧峰里概內灣庄所在。

59　參見葉爾建等纂述，《臺灣地名辭書・彰化縣》，頁406。

60　參見劉金志，《故鄉田中》，頁66。

61　周璽，《彰化縣志》，頁45-46。

62　《臺灣府輿圖纂要》，頁221-222。

現今，東源里計有340戶896人、碧峰里計有332戶1203人（2019年9月底）。[63]內灣庄居民多以種稻為主，昔日秋冬季節常見菸葉種植，故留有菸樓舊跡，住民以陳姓為多。

（二）客裔分佈

關於內灣的客裔分佈情形，根據1925年臺灣戶口調查的統計資料顯示：內灣大字的人口數達1936人，廣東籍8人，幾乎全為福建籍。實際上，登記為福建籍亦有客裔。考察日治時期內灣地區的戶口調查簿資料，以戶長作為統計單位，據本研究所掌握的戶口調查簿資料計有475筆，其主要姓氏與其祖籍的統計資料大致如下：

表 3-5：日治時期內灣戶口調查簿主要姓氏戶長數與祖籍統計資料

姓氏	戶長數	廣東	福建	無記載	廣東籍比例
陳	250	1	110	139	0.4%
蕭	63	0	32	31	0
謝	47	0	20	27	0
曾	31	0	14	17	0
盧	3	0	0	0	0
呂	1	0	0	0	0

資料來源：筆者據日治時期內灣戶口調查簿統計而成。

關於內灣客裔的分佈，我們從各姓氏來臺祖的祖籍與其族人聚居地或可探知客裔的分佈情形。日治時期內灣大字以陳、蕭、謝、曾等姓氏族人為主，其中內灣陳家祖籍為福建省漳州府漳浦縣十五都赤湖鄉東溪社，開臺祖有多人，均屬道明公派下。謝家祖籍為福建省漳州

---

63 彰化縣田中鎮戶政事務所：https://house.chcg.gov.tw/tienchun/03search/sea_b2_01.asp，
  2019年10月5日搜尋。

府漳浦縣錦湖城，康熙末年先有謝七夕渡海來臺入墾田中，乾隆末葉再有謝謹信、謝永捷等入墾。[64]曾家來自福建泉州府同安縣。根據相關文獻，輔以現存的祖譜或田調資料，內灣大字以陳、謝、曾等姓氏族人多為福佬人，僅有內灣的蕭、盧、呂姓為客裔。關於內灣盧、呂姓為客裔客裔的相關客家文化質素如下：

1. 蕭姓客裔

根據日治時期內灣戶口調查簿，蕭姓戶長計有63戶，約佔內灣戶口數的16%，其中登記為福建籍有32筆，無登載中有31筆。蕭姓族人幾乎為蕭奮公派下，依《臺灣書山蕭氏文獻》，蕭姓祖籍福建省漳州府南靖縣書洋鄉山下村，第六十九世蕭奮為開臺祖，其係於明末清初鄭成功驅逐荷蘭後來臺；楊緒賢撰《臺灣區姓氏堂號考》則指出蕭奮派下數十名子弟入墾田中、社頭的時間是在雍正、乾隆年間。[65]目前蕭奮公派下多被視為是福佬客。

2. 盧姓客裔

東源里盧姓客裔主要分佈於德安岩東北側以及內灣山腳路。內灣盧姓，原籍廣東省潮州府林田都竹橋社（霖田都應為今廣東省揭西縣河婆），渡臺祖十二世盧崇德原居員林林厝仔庄，約於一百多年前遷居內灣東源里。根據《盧氏大族譜》記載，盧氏肇基祖為十二世盧崇德，原籍廣東省潮州府林田都竹橋社（霖田都應為今廣東省揭西縣河婆），下傳十三世龍仁，十四世純惠。[66]約於一百多年前遷居本鎮東源里，公廳右側保留名諱見陽的祖先牌位。[67]

---

64 楊緒賢，《臺灣區姓氏堂號考》，頁229。
65 楊緒賢，《臺灣區姓氏堂號考》，頁269。
66 盧俊華主編、盧氏大族譜編輯委員會編，《盧氏大族譜》，頁系36-37。
67 邱彥貴等編撰，《彰化縣客家族群調查》，頁86。

圖3-11：毗鄰德安岩的東源里盧氏古厝有圍屋　　圖3-12：東源里盧氏
　　　　的形勢　　　　　　　　　　　　　　　　古厝內祖先牌位

3. 呂姓客裔

東源里呂姓客裔主要分佈於內灣山腳路。東源里呂家，祖籍福建省漳州府南靖縣永豐里書洋社龍潭樓，屬良簫公派下。開臺祖第十世呂如章於康熙末年渡海來臺，不久返回中國大陸原居地。其妻李氏再於雍正8年（1730）率呂欣、呂興、呂理、呂質、呂來、呂冬等6子來臺，定居於今社頭鄉湳雅村。其後，第三房呂理派下、第四房呂質派下部分族人移居本鎮的中潭、東源兩里一帶。[68]

---

68 呂姓族譜編纂委員會，《呂姓大宗譜》，頁85-87。

第四章
田尾鄉、田中鎮以及鄰近鄉鎮客裔聚落的分佈

溪州鄉水尾村鐘姓客裔奉祀伏魔大帝——鍾馗爺

　　經由前文的考察，大致可以發現田尾鄉、田中鎮客裔族群的歷史
傳衍脈絡，本章擬就前二章的研究基礎，彙整分析田尾鄉、田中鎮兩
地客裔的空間分佈情形，並進而分析客裔在這二鄉鎮各角頭聚落的代
表性或影響力，以見那些角頭聚落的人群是以客裔為主體。此外，為
了整體考察濁水溪流域彰化縣東南區的客裔人文風貌，在田尾鄉、田
中鎮的調查基礎上，加上筆者於2016年所發表〈彰化縣田尾鄉客家族
群的拓墾與分佈〉[1]的研究成果，本章進而述及溪州鄉、北斗鎮、二
水鄉等地的客裔聚落之分佈概況，從而顯見濁水溪流域彰化縣東南區
的客裔分佈空間與其相關角頭聚落。

圖 4-1： 溪州鄉菜公北聖天宮廟內的香爐書有天上聖母、玄天上帝，似
　　　　有客家文化遺風

1　謝瑞隆，〈彰化縣田尾鄉客家族群的拓墾與分佈〉，《彰化文獻》第21期，2016年11
　月，頁25-44。

第一節　田尾鄉、田中鎮客裔聚落的分佈

綜覽田尾鄉曾厝崙（南曾村、北曾村）、溪畔（溪畔村）、打廉（打簾村）、柳樹湳（柳鳳村）、海豐崙（海豐村、陸豐村）、鎮平（南鎮村、北鎮村）、厝仔（新生村）、小紅毛社（福田村）、新厝仔（新興村）、三十張犁（仁里村、新厝村）、饒平厝（饒平村）、睦宜庄（睦宜村）、田尾（田尾村、豐田村）、十張犁（正義村）、溪仔頂（溪頂村）以及田中鎮田中央（東路里、西路里、南路里、北路里、中路里、新庄里）、內灣（東源里、碧峰里、香山里）、普興庄（復興里）、卓乃潭（頂潭里、中潭里、龍潭里）、大平（平和里）、大紅毛社（大社里）、外三塊厝（三民里、三光里、梅州里）、大新（沙崙里、新民里、梅州里）、三塊厝（三安里）、內三塊厝（三安里、大崙里）等大小聚落角頭，經由前文逐一地闡述，可以發現客裔在兩鄉鎮各村落的分佈情形。

一　各姓氏客裔在田尾鄉、田中鎮的分佈

統觀田尾鄉、田中鎮的客裔，除地理空間的分佈外，還有血緣關係、宗族在空間分佈上的意義，尤其若干姓氏客裔在田尾鄉存在著傳衍關係，下述針對各姓氏客裔在田尾鄉、田中鎮的空間分佈作一說明：

（一）陳姓客裔

陳姓客裔主要分佈在田尾鄉溪畔、曾厝崙、小紅毛社等地，陳氏血緣聚落角頭有溪畔、北曾村橋仔頭、北曾村新厝仔、福田村陳厝等。溪畔、曾厝崙陳姓客裔的開基祖多為開饒三世祖陳武平派下，陳氏公廳在永靖鄉五福村陳氏家廟繩武堂，陳姓客裔頗多參加陳氏家廟繩武堂祭祖，祖籍廣東省潮州府饒平縣廠埔鄉。陳姓族人的來臺祖主

要有：

1. 八世陳龍章派下，後裔分佈於北畔厝。

2. 九世陳聲照派下，舊厝在大柵門內陳厝。

此外，尚有其他陳氏支系，包含：

1. 開饒二世祖陳玉千派下，來臺祖十世陳從賢派下祖籍廣東省潮州府饒平縣廠埔鄉大榕社，後裔拓衍溪畔。

2. 渡臺一世陳剛義派下，後裔分佈於田尾鄉小紅毛社。

3. 十一世陳廷俊，祖籍為廣東省嘉應州鎮平縣三圳墟塔子巷，後裔拓衍田尾鎮平庄。

圖 4-2：永靖鄉陳氏家廟繩武堂

(二) 邱姓客裔

邱姓客裔主要分佈在田尾鄉溪畔、曾厝崙、海豐崙、鎮平、厝仔、新厝仔等地，邱氏血緣聚落角頭有北曾村大宅、南曾村王爺廳、陸豐村石分子、陸豐村田中央、海豐村田洋仔、北鎮村車路仔、新興村庄尾、新興村田頭、新興村崁頭仔等。邱姓客裔頗多參加永靖邱氏宗祠祭祖，主要的來臺祖有二：

1. 二十三世邱華佑於清朝乾隆年間渡臺，原籍為廣東省潮州府饒平縣坪子鄉（今屬饒洋鎮），後裔傳衍田尾鄉北曾村、溪畔村。
2. 二十三世邱華循派下，原籍為廣東省潮州府饒平縣水口社（今屬饒洋鎮），與永靖忠實第同源，後裔傳衍田尾鄉北曾村、溪畔村、北鎮村、新生村、仁里村。

此外，尚有其他邱氏支系，包含：

1. 二十一世邱元信，原籍為廣東省潮州府饒平縣坪子鄉，後裔傳衍田尾鄉南曾村王爺廳。
2. 二十一世邱九恩派下，祖籍廣東省潮州府饒平縣烏石角，後裔傳衍田尾鄉海豐崙。二十三世邱懷德生長房傳於田尾海豐崙，後裔傳衍田尾鄉海豐崙。
3. 二十一世邱華喜派下，祖籍為廣東省潮州府饒平縣元歌都牛皮社烏石角鄉，後裔傳衍田尾鄉新厝仔。
4. 田尾鄉陸豐村一脈邱姓原籍為廣東省惠州府陸豐縣。

圖 4-3：永靖鄉邱氏宗祠

(三) 詹姓客裔

詹姓客裔主要分佈在田尾鄉海豐崙、鎮平、厝仔、饒平厝等地，詹氏血緣聚落角頭有北鎮村車路仔、北鎮村暗學仔以及新生村等。詹姓客裔原籍為廣東省潮州府饒平縣元歌都三饒鄉，主要的來臺祖有：

1. 饒平十四世詹春殿（元亮）派下，渡臺居永靖，十七世詹文銘（銘生）遷鎮平，原籍為廣東省潮州府饒平縣元歌都三饒鄉，傳衍田尾鄉鎮平。

2. 饒平十五世詹時侃派下，詹時侃渡臺竹塘，十七世詹友才遷田尾，原籍為廣東省潮州府饒平縣元歌都三饒鄉，傳衍田尾鄉鎮平、厝仔。

3. 饒平十五世詹廷俊於雍正年間渡臺墾殖彰化縣田尾鄉，原籍為廣東省潮州府饒平縣元歌都三饒鄉，傳衍田尾鄉厝仔。

4. 饒平十五世詹時盛（禮亨、國才）派下，詹時盛渡臺竹塘，祖籍為廣東省潮州府饒平縣元歌都三饒鄉，後裔傳衍田尾鄉海豐崙。

5. 饒平十五世詹登派下，渡臺居竹塘，後裔傳衍饒平厝，原籍為廣東省潮州府饒平縣元歌都三饒鄉，後裔傳衍田尾鄉饒平厝。

6. 饒平十六世詹鴻儀派下，原籍為廣東省潮州府饒平縣元歌都三饒鄉，傳衍田尾鄉鎮平。

7. 饒平十七世詹天昭派下，原籍為廣東省潮州府饒平縣元歌都三饒鄉，後裔傳衍田尾鄉海豐崙。

（四）羅姓客裔

羅姓客裔主要分佈在田尾鄉打廉、柳樹湳等地，羅氏血緣聚落角頭有打簾村打廉、打簾村庄頭、打簾村崙仔、柳鳳村張厝、柳鳳村醬油間等。羅姓客裔原籍為福建省福建省漳州府南靖縣，主要的來臺祖有：

1. 十一世羅正直派下，原籍為福建省漳州府南靖縣金山埔龍眼林坑內社，傳衍田尾鄉打廉、柳樹湳。

2. 九世羅廷祿來自福建省漳州府南靖縣，傳衍田尾鄉打廉、柳樹湳。

3. 羅三益派下來自福建省漳州府南靖縣金山埔龍眼林，傳衍田尾鄉柳樹湳。

（五）周姓客裔

周姓客裔主要分佈在田尾鄉打廉、柳樹湳等地，周氏血緣聚落角頭有打簾村打廉、柳鳳村瓦宅內等。周姓客裔主要的來臺祖有：

1. 八世周戊坤派下，祖籍廣東省惠州府陸豐縣田心在黑尾鄉八萬黑石股，傳衍田尾鄉打廉庄。

2. 饒平始祖大八公派下，七世周應隆、八世周敏義來臺，祖籍廣東省潮州府饒平縣元高都七藍鄉玉皮社，傳衍田尾鄉柳樹湳。

（六）林姓客裔

林姓客裔主要分佈在田尾鄉曾厝崙、新厝仔等地，林氏血緣聚落角頭有北曾村以及南曾村交界處的林厝、新興村庄尾等。林姓客裔主要的來臺祖有：

1. 二十一世林元興、林元盛於雍正5年（1727）渡海來臺，傳衍田尾鄉曾厝崙。
2. 十三世林金派下，祖籍為廣東省潮州府饒平縣小榮社南山尾鄉，傳衍田尾鄉新厝仔。

（七）李姓客裔

李姓客裔主要分佈在田尾鄉曾厝崙、小紅毛社、新厝仔等地，李氏血緣聚落角頭有南曾村巷仔口、南曾村埔頭仔、福田村李厝、新興村三角圃等。李姓客裔主要的來臺祖有：

1. 四世李子舉，原籍為廣東省潮州府饒平縣石壁腳，傳衍田尾鄉曾厝崙。
2. 隴西堂李玉書派下，祖籍為福建省漳州府平和縣山田鄉山內村，傳衍田尾鄉小紅毛社、新厝仔。

（八）吳姓客裔

吳姓客裔主要分佈在田尾鄉曾厝崙、海豐崙等地，吳氏血緣聚落角頭有北曾村吳厝、海豐村海豐崙與海豐村客人庄等。吳姓客裔祖籍為廣東省惠州府陸豐縣，主要的來臺祖有：

1. 陸豐九世吳汝瞻派下，祖籍廣東省惠州府陸豐縣，傳衍田尾鄉海豐崙。

2. 陸豐八世吳隴深派下，祖籍廣東省惠州府陸豐縣公平墟登埔鄉龍潭，傳衍田尾鄉海豐崙客人庄。

（九）劉姓客裔

劉姓客裔主要分佈在田尾鄉鎮平、厝仔等地，劉氏血緣聚落角頭有南鎮村劉厝等。劉姓客裔祖籍廣東省潮州府饒平縣，主要的來臺祖有：

1. 十世劉剛毅派下，祖籍廣東省潮州府饒平縣，傳衍田尾鄉鎮平、厝仔。
2. 劉光義派下，祖籍廣東省潮州府饒平縣，傳衍田尾鄉鎮平。
3. 劉寧遠派下，祖籍廣東省潮州府饒平縣，傳衍田中。

（十）張姓客裔

張姓客裔主要分佈在田尾鄉打廉、饒平厝等地，張氏血緣聚落角頭有打簾村張厝後、饒平村崁頂等。張姓客裔原籍為廣東省潮州府饒平縣，主要的來臺祖有：

1. 九世張報恩派下，來自廣東省潮州府饒平縣溪墘張，傳衍田尾鄉打廉。
2. 張仲和派下，祖籍廣東省潮州府饒平縣，傳衍田尾鄉饒平厝。

（十一）范姓客裔

范姓客裔主要分佈在田尾鄉鎮平、厝仔等地，范氏血緣聚落角頭有南鎮村范厝、北鎮村土地公等。范姓客裔主要的來臺祖為二十四世范勤烈派下，原籍為廣東省潮州府饒平縣，傳衍田尾鄉鎮平、厝仔。

（十二）薛姓客裔

薛姓客裔主要分佈在田尾鄉鎮平等地，主要薛氏血緣聚落角頭有

南鎮村崁頭仔、北鎮村巷仔口等。范姓客裔主要的來臺祖主要為九世祖薛敦朴，原籍為廣東省潮州府吉祥縣，傳衍田尾鄉鎮平。

（十三）彭姓客裔

彭姓客裔主要分佈在田尾鄉三十張犁等地，彭氏血緣聚落角頭有仁里村前庄等。彭姓客裔主要的來臺祖為二十世族人彭肇華、彭朴茂，原籍為廣東省潮州府豐順縣，傳衍田尾鄉三十張犁。

（十四）巫姓客裔

巫姓客裔主要分佈在田尾鄉鎮平等地，巫氏血緣聚落角頭有南鎮村巫厝、南鎮村巷子口等。巫姓客裔主要的來臺祖為二十二世巫文英派下，原籍為廣東省潮州府揭陽縣，傳衍田尾鄉鎮平。

（十五）朱姓客裔

朱姓客裔主要分佈在田尾鄉海豐崙等地，朱氏血緣聚落角頭有海豐村海豐崙等。朱姓客裔主要的來臺祖為十四世朱德沛派下，原籍為廣東省惠州府陸豐縣，傳衍田尾鄉海豐崙。

（十六）莊姓客裔

莊姓客裔主要分佈在田尾鄉曾厝崙等地，莊氏血緣聚落角頭有北曾村莊厝等。莊姓客裔主要的來臺祖為十六世莊喜生派下，傳衍田尾鄉曾厝崙。

（十七）賴姓客裔

賴姓客裔主要分佈在田尾鄉打廉以及田中鎮內三塊厝大崙尾等地，賴氏血緣聚落角頭有有田尾鄉打廉村打廉以及田中鎮大社里大路店、大崙里大崙尾、大崙里興酪區等。賴姓客裔主要的來臺祖有：

1. 十六世賴昌胤派下,原籍為廣東省潮州府饒平縣絃歌都牛皮社上坪鄉,傳衍田尾鄉打廉。
2. 賴薦派下,賴薦下傳馬家、馬親、馬藤三房,祖籍為福建省漳州府平和縣心田,馬藤派下傳衍田中鎮大社里。

（十八）胡姓客裔

胡姓客裔主要分佈在田尾鄉海豐崙等地,胡氏血緣聚落角頭有海豐村海豐崙等。胡姓客裔主要的來臺祖為胡維正派下,原籍為廣東省潮州府饒平縣,傳衍田尾鄉海豐崙。

（十九）曾姓客裔

曾姓客裔主要分佈在田尾鄉海豐崙等地,曾氏血緣聚落角頭有海豐村客人庄等。日治昭和4年（1929）桃園地區客家人曾秀政等三兄弟遷移至客人庄現址,曾姓客裔原籍為廣東省,傳衍田尾鄉海豐崙。

（二十）徐姓客裔

徐姓客裔主要分佈在田尾鄉曾厝崙等地,徐氏血緣聚落角頭有北曾村徐厝等。徐姓客裔原籍為廣東省,傳衍田尾鄉曾厝崙。

（二十一）蕭姓客裔

蕭姓客裔主要分佈在田中鎮卓乃潭以及田尾鄉小紅毛社、新厝仔等地,蕭氏血緣聚落角頭有田中鎮頂潭里崁頂庄、中潭里頂庄、中潭里頂學仔、龍潭里龍潭、龍潭里良吉庄以及田尾鄉暗學仔、庄頭。蕭姓族人幾乎為蕭奮公派下,第六十九世蕭奮為開臺祖,祖籍福建省漳州府南靖縣,傳衍今田中鎮頂潭里一帶。

（二十二）許姓客裔

許姓客裔主要分佈在田中鎮卓乃潭，許氏血緣聚落角頭有田中鎮中潭里榕仔腳。許姓客裔主要為若麟公派下，開臺祖許若麟於康熙45年（1706）渡海來臺，祖籍為福建省漳州府南靖縣永豐保水蔗社，拓墾本鎮卓乃潭地區，其後，又有同鄉族親許高、許日昭、許質樸、許利、許會等先後來到田中，繁衍後代，逐漸於中潭里形成許姓聚落。

（二十三）黃姓客裔

黃姓客裔主要分佈於田中鎮沙崙里舊街等地。黃姓客裔開台祖黃君必、黃君倫兄弟，祖籍為廣東省潮州府饒平縣，初始先來到台中大雅區，其後人部分遷往散居田中鎮。

（二十四）盧姓客裔

盧姓客裔主要分佈於田中鎮沙崙里舊街以及內灣德安岩東北側以及山腳路等地。盧姓客裔主要的來臺祖有：

1. 開臺祖第十一世盧標、第十二世盧愛、第十三世盧俊於雍乾年間渡海來臺，祖籍為福建省漳州府平和縣湳仔家庄，入墾田中地區。盧標生於康熙47年（1708），卒於乾隆42年（1777），取賴氏為妻，生有長談、次甘、三禹、四添、五天、六泉、七每、八胡八子，目前居住沙崙里的盧姓多為盧標派下裔孫。

2. 盧氏肇基祖為十二世盧崇德，原籍廣東省潮州府林田都竹橋社（霖田都應為今廣東省揭西縣河婆），下傳十三世龍仁，十四世純惠；原居員林林厝仔庄，約於一百多年前遷居本鎮東源里。[2]

---

2 參見邱彥貴等編撰，《彰化縣客家族群調查》（彰化：彰化縣文化局，2005年8月），頁86。

（二十五）游姓客裔

游姓客裔主要分佈於田中鎮沙崙里舊街等地。游姓客裔渡臺祖為第十三世的文生、敏堆公，祖籍為福建省漳州府南靖縣下社鄉，來臺後直接入墾田中。根據游松賢、游遠義所提供的族譜記載，文生未傳，敏堆妻腰娘，傳有待贈、光煥二房。目前居中州路一段和沙崙巷的游姓均屬於敏堆派下。[3]

（二十六）何姓客裔

何姓客裔主要分佈於田中鎮大崙里大崙尾等地。何姓族人主要為何祿生、何有進派下，開臺祖何紹毅於清乾隆中期遷入今嘉義縣民雄鄉，祖籍為廣東嘉應州鎮平縣，後人移居今苗栗公館，何祿生、何有進移居於本鎮大崙地區。

（二十七）呂姓客裔

呂姓客裔主要分佈於田中鎮東源里內灣山腳路等地。呂姓客裔屬良簫公派下，祖籍為福建省漳州府南靖縣永豐里書洋社龍潭樓。開臺祖第十世呂如章於康熙末年渡海來臺，不久返回中國大陸原居地。其妻李氏再於雍正8年（1730）率呂欣、呂興、呂理、呂質、呂來、呂冬等6子來臺，定居於今社頭鄉湳雅村。其後，第三房呂理派下、第四房呂質派下部分族人移居田中鎮中潭、東源里。[4]

3　何金賜主編，《台灣游氏族譜》（台中：台灣省各姓歷史淵源發展研究學會，1988年），頁98-99。

4　呂姓族譜編纂委員會，《呂姓大宗譜》（臺中：編者，1975年），頁85-87。

表 4-1：田尾鄉、田中鎮客裔的渡臺祖與其後裔分佈情形

渡臺祖		渡臺年代	大陸原鄉	後裔分佈	備註
姓	名				
陳	龍章	不詳	廣東省潮州府饒平縣	田尾鄉溪畔、北曾村	
陳	聲榮	清康熙年間	廣東省潮州府饒平縣	田尾鄉溪畔、北曾村	
陳	聲照	清康熙年間	廣東省潮州府饒平縣	田尾鄉溪畔、北曾村	
陳	從賢	不詳	廣東省潮州府饒平縣	田尾鄉溪畔	
陳	剛義	不詳	廣東省潮州府饒平縣	田尾鄉小紅毛社	
陳	廷俊	不詳	廣東省嘉應州鎮平縣	田尾鄉鎮平	
邱	華佑	清乾隆年間	廣東省潮州府饒平縣	田尾鄉北曾村、溪畔村	
邱	華循	清乾隆年間	廣東省潮州府饒平縣	田尾鄉北曾村、溪畔村、北鎮村、新生村、仁里村	
邱	元信	不詳	廣東省潮州府饒平縣	田尾鄉南曾村	
邱	九恩	不詳	廣東省潮州府饒平縣	田尾鄉海豐崙	
邱	懷德	清雍乾年間	廣東省潮州府饒平縣	田尾鄉海豐崙	
邱	華喜	不詳	廣東省潮州府饒平縣	田尾鄉新厝仔	
詹	春殿	不詳	廣東省潮州府饒平縣	田尾鄉鎮平	渡臺居永靖，十七世詹文銘遷鎮平
詹	時侃	不詳	廣東省潮州府饒平縣	田尾鄉鎮平、厝仔	詹時侃渡臺竹塘，十七世詹友才遷田尾

渡臺祖		渡臺年代	大陸原鄉	後裔分佈	備註
姓	名				
詹	廷俊	清雍正年間	廣東省潮州府饒平縣	田尾鄉厝仔	
詹	時盛	不詳	廣東省潮州府饒平縣	田尾鄉海豐崙	詹時盛渡臺竹塘
詹	登	不詳	廣東省潮州府饒平縣	田尾鄉饒平厝	渡臺居竹塘，後裔傳衍饒平厝
詹	鴻儀	不詳	廣東省潮州府饒平縣	田尾鄉鎮平	
詹	天昭	不詳	廣東省潮州府饒平縣	田尾鄉海豐崙	
羅	正直	不詳	福建省漳州府南靖縣	田尾鄉打廉、柳樹湳	
羅	廷祿	不詳	福建省漳州府南靖縣	田尾鄉打廉、柳樹湳	
羅	三益	不詳	福建省漳州府南靖縣	田尾鄉柳樹湳	
周	戊坤	清雍乾年間	廣東省惠州府陸豐縣	田尾鄉打廉庄	
周	應隆	清初	廣東省潮州府饒平縣	田尾鄉柳樹湳	
周	敏義	清初	廣東省潮州府饒平縣	田尾鄉柳樹湳	
林	元興	清雍正年間	不詳	田尾鄉曾厝崙	
林	元盛	清雍正年間	不詳	田尾鄉曾厝崙	
林	金	不詳	廣東省潮州府饒平縣	田尾鄉新厝仔	
李	子舉	不詳	廣東省潮州府饒平縣	田尾鄉曾厝崙	
李	玉書	不詳	福建省漳州府平和縣	田尾鄉小紅毛社	
吳	汝瞻	清康熙年間	廣東省惠州府陸豐縣	田尾鄉海豐崙	
吳	隴深	清乾隆年間	廣東省惠州府陸豐縣	田尾鄉海豐崙客人庄	戰後從苗栗縣移來

渡臺祖		渡臺年代	大陸原鄉	後裔分佈	備註
姓	名				
劉	剛毅	不詳	廣東省潮州府饒平縣	田尾鄉鎮平、厝仔	
劉	光義	不詳	廣東省潮州府饒平縣	田尾鄉鎮平	
劉	寧遠	清雍正年間	廣東省潮州府饒平縣	田尾鄉田中鎮	
張	報恩	不詳	廣東省潮州府饒平縣	田尾鄉打廉	
張	仲和	清雍正年間	廣東省潮州府饒平縣	田尾鄉饒平厝	
范	勤烈	不詳	廣東省潮州府饒平縣	田尾鄉鎮平、厝仔	
薛	敦朴	清乾隆年間	廣東省潮州府吉祥縣	田尾鄉鎮平	
彭	肇華	清道光年間	廣東省潮州府豐順縣	田尾鄉三十張犁	
彭	朴茂	清道光年間	廣東省潮州府豐順縣	田尾鄉三十張犁	
巫	文英	清乾隆年間	廣東省潮州府揭陽縣	田尾鄉鎮平	
朱	德沛	不詳	廣東省惠州府陸豐縣	田尾鄉海豐崙	
莊	喜生	清乾隆年間	不詳	田尾鄉曾厝崙	
賴	昌胤	不詳	廣東省潮州府饒平縣	田尾鄉打廉	
賴	馬藤	不詳	福建省漳州府平和縣	田中鎮大社里	
胡	維正	不詳	廣東省潮州府饒平縣	田尾鄉海豐崙	
曾	秀政	不詳	廣東省	田尾鄉海豐崙	日治昭和4年（1929）從桃園移居

渡臺祖		渡臺年代	大陸原鄉	後裔分佈	備註
姓	名				
蕭	奮	清初	福建省漳州府南靖縣	田中鎮卓乃潭	
許	若麟	清康熙45年	福建省漳州府南靖縣	田中鎮卓乃潭	族親許高、許日昭、許質樸、許利、許會等先後來到田中
黃	君必	不詳	廣東省潮州府饒平縣	田中鎮	初始先來到台中大雅區，其後人部分遷往散居田中鎮
	君倫				
盧	標	清康熙末年	福建省漳州府平和縣	田中鎮沙崙里	第十一世盧標、第十二世盧愛、第十三世盧俊於雍乾年間渡海來臺
盧	崇德	不詳	廣東省潮州府揭西縣	田中鎮東源里	
游	文生	不詳	福建省漳州府南靖縣	田中鎮沙崙里	
游	敏堆	不詳	福建省漳州府南靖縣	田中鎮沙崙里	
何	紹毅	清乾隆	廣東嘉應州鎮平縣	田中鎮大崙尾	後裔何祿生、何有進再移居於田中鎮大崙尾
呂	如章	清康熙末年	福建省漳州府南靖縣	田中鎮中潭、東源里	

資料來源：研究者整理。

二　田尾鄉、田中鎮客裔聚落的分佈

　　綜覽田尾鄉、田中鎮客裔分佈的考察成果，大致可以發現田尾鄉曾厝崙（南曾村、北曾村）、溪畔（溪畔村）、打廉（打簾村）、柳樹

湳（柳鳳村）、海豐崙（海豐村、陸豐村）、鎮平（南鎮村、北鎮
村）、厝仔（新生村）、小紅毛社（福田村）、新厝仔（新興村）、三十
張犁（仁里村、新厝村）、饒平厝（饒平村）以及田中鎮卓乃潭（頂
潭里、中潭里、龍潭里）、大路店（大社里）都存在著客家後裔分佈
較為密集的血緣姓聚落或角頭。相較於前述聚落，睦宜庄（睦宜
村）、田尾（田尾村、豐田村）、十張犁（正義村）、溪仔頂（溪頂
村）以及田中鎮大部分的庄落是客籍分佈較為零星的地區，客家族群
的比例也較低。

大體來說，經由各村落的大姓氏與客裔之交叉比對，我們可以發
現客裔在田尾鄉、田中鎮各村落的分佈狀態，下述以較具完整村落型
態的聚落作為考察點，從而推估各聚落的客裔分佈之情形，大致如下：

（一）以客裔為主體的村落（客裔在村落的分佈達半數以上）

1. 田尾鄉曾厝崙（南曾村、北曾村）：大正4年（1915）第二次臨
   時臺灣戶口調查的統計資料顯示曾厝崙的人廣東籍比例達
   51%。復以曾厝崙大姓陳、邱、林、徐、李、吳、莊姓居民多
   為客裔，實際上曾厝崙的客裔分佈應當遠高於半數以上。

2. 田尾鄉溪畔（溪畔村）：大正4年（1915）第二次臨時臺灣戶口
   調查的統計資料顯示打廉庄（溪畔村、柳鳳村、打簾村等）的
   廣東籍比例達84%。溪畔基本為陳氏的血緣聚落，並雜有少數
   邱、林、李姓，其中陳、邱姓居民多為客裔，溪畔的客裔分佈
   應當遠高於半數以上。

3. 田尾鄉打廉（打簾村）：大正4年（1915）第二次臨時臺灣戶口
   調查的統計資料顯示打廉庄（溪畔村、柳鳳村、打簾村等）的
   廣東籍比例達84%。復以打廉大姓羅、李、張、陳、林、賴、
   周姓居民多為客裔，實際上曾厝崙的客裔分佈應當遠遠高於半
   數以上。

4. 田尾鄉柳樹湳（柳鳳村）：大正4年（1915）第二次臨時臺灣戶口調查的統計資料顯示打廉庄（溪畔村、柳鳳村、打簾村等）的廣東籍比例達84%。復以柳樹湳兩大姓周、羅居民多為客裔，其他諸如李、張、巫、江等居民也多為客裔，實際上柳樹湳的客裔分佈應當遠遠高於半數以上。

5. 田尾鄉鎮平（南鎮村、北鎮村）：根據大正4年（1915）第二次臨時臺灣戶口調查的統計資料顯示，薛姓約佔鎮平戶口數的13%，詹姓約佔鎮平戶口數的13%，劉姓約佔鎮平戶口數的12%，巫姓約佔鎮平戶口數的11%，陳姓約佔鎮平戶口數的10%，邱姓約佔鎮平戶口數的6%，范姓約佔鎮平戶口數的5%，鎮平大姓薛、詹、劉、巫、陳、邱、范姓居民多為客裔，除陳姓祖籍為福建省汀洲府外，其他姓氏祖籍多為廣東省潮州府而訛傳為福建籍，復以庄廟鎮安宮主祀客家守護神三山國王，實際上鎮平的客裔分佈應當高於半數以上。

6. 田尾鄉厝仔（新生村）：根據大正4年（1915）第二次臨時臺灣戶口調查的統計資料顯示，詹姓約佔厝仔戶口數的15%，邱姓約佔厝仔戶口數的15%，劉姓約佔厝仔戶口數的11%，參酌厝仔大姓詹、劉、邱、范姓居民多為客裔，其祖籍多為廣東省潮州府而訛傳為福建籍，實際上厝仔的客裔分佈應當高於半數以上。

7. 田尾鄉新厝仔（新興村）：大正4年（1915）第二次臨時臺灣戶口調查的統計資料顯示小紅毛社的廣東籍比例僅1.7%。廣東籍多為客裔，然而登載為福建籍亦有客裔，參酌新厝仔大姓邱姓、蕭姓居民多為客裔，其他如李、林姓居民也多為客裔，復以庄尾、三角圃、田頭仔、崁頭仔等多是客裔的血緣聚落，顯示客裔在新厝仔具有一定的數量與地方影響力。

8. 田尾鄉小紅毛社（福田村）：參酌小紅毛社兩大姓的陳、李姓

居民多為客裔，其他如范姓等為客裔，蕭姓目前也被視為客
裔，顯示小紅毛社的客裔分佈應當高於半數以上。

9. 田中鎮崁頂（頂潭里）：根據日治時期卓乃潭（頂潭里、中潭
里、龍潭里）戶口調查簿，蕭姓約佔卓乃潭戶口數的75%，崁
頂為今頂潭里，居民幾乎都是蕭姓，堪稱是一個以蕭姓為主體
的血緣聚落，蕭姓為客裔，崁頂的客裔分佈高於半數以上。

10. 田中鎮榕仔腳（中潭里）：根據日治時期卓乃潭（頂潭里、中
潭里、龍潭里）戶口調查簿，許姓約佔卓乃潭戶口數的18%，
主要分佈在榕仔腳，榕仔腳主要姓氏為為許姓，堪稱是一個以
許姓為主體的血緣聚落，許姓為客裔，榕仔腳的客裔分佈高於
半數以上。

11. 田中鎮龍潭（龍潭里）：根據日治時期卓乃潭（頂潭里、中潭
里、龍潭里）戶口調查簿，蕭姓約佔卓乃潭戶口數的75%，龍
潭的主要姓氏為為蕭姓，亦是一個以蕭姓為主體的血緣聚落，
蕭姓為客裔，龍潭的客裔分佈高於半數以上。

圖 4-4：田中鎮崁頂蕭氏宗祠書山祠

圖 4-5：田中鎮榕樹腳許氏宗祠

（二）客裔強勢分佈的村落（客裔在村落的分佈有數個強勢的大姓或角頭村落存在）

1. 田尾鄉海豐崙（海豐村、陸豐村）：大正4年（1915）第二次臨時臺灣戶口調查的統計資料顯示曾厝崙的廣東籍比例達27%。廣東籍多為客裔，然而登載為福建籍亦有客裔，參酌海豐崙大姓邱、詹、吳、胡、朱等姓居民多為客裔，復以客人庄、田中央、田東仔（田中央仔）等都是客裔的血緣聚落，庄廟沛霖宮主祀客家守護神三山國王，顯示客裔在海豐崙具有一定的數量與地方影響力。

（三）客裔弱勢分佈的村落（客裔在村落的分佈只有 1 個強勢的大姓或角頭村落存在）

1. 田尾鄉三十張犁（仁里村、新厝村）：三十張犁的客裔以彭姓為主，主要分佈於前庄（仁里村），另有少數的邱姓客裔，村內其他姓氏多為泉籍或漳籍。

2. 田尾鄉饒平厝（饒平村）：饒平厝的客裔以張姓為主，主要分佈於下庄（崁頂），另有少數的詹姓客裔，村內其他姓氏多為泉籍或漳籍。

3. 田中鎮舊街（沙崙里以及新民里一帶）以陳、黃、謝、游、蕭、盧等姓氏族人為主，其中黃、游、盧姓客裔。

（四）客裔零星分佈的村落（客裔在村落的分佈僅是點狀的分佈）

田尾鄉睦宜庄（睦宜村）、田尾（田尾村、豐田村）、十張犁（正義村）、溪仔頂（溪頂村）是田尾鄉客籍分佈較為零星的地區，客家族群的比例也較低。田中鎮大崙尾（大崙里）以卓、張、謝、陳、孫、賴等姓氏族人為主，僅有大崙尾的賴姓以及何姓為客裔。田中鎮內灣（東源里以及碧峰里）以陳、蕭、謝、曾等姓氏族人為主，皆為福佬人，僅有內灣的盧、呂姓為客裔。

大體言之，我們可以發現以客裔為主體或客裔強勢分佈的村落主要分佈在清治時期的武西保，包含田尾鄉曾厝崙（南曾村、北曾村）、鎮平（南鎮村、北鎮村）、厝仔（新生村）、小紅毛社（福田村）、新厝仔（新興村），其次是毗鄰清治時期武西保的東螺東保溪畔（溪畔村）、打廉（打簾村）、柳樹湳（柳鳳村）、海豐崙（海豐村、陸豐村）；毗鄰清治時期東螺西保而隸屬於東螺東保的睦宜庄（睦宜村）、田尾（田尾村、豐田村）、饒平厝（饒平村）的客裔分佈已經較

為弱勢，至於隸屬於清治時期東螺西保十張犁（正義村）、溪仔頂（溪頂村）、三十張犁（仁里村、新厝村）的客裔分佈更顯弱勢、零星，從而可以發現舊時的行政區域、地緣關係與客裔分佈存在著互為表裡的關係。

第二節　田尾鄉、田中鎮周遭客裔聚落的分佈情形

經由前文可知，田尾鄉曾厝崙（南曾村、北曾村）、溪畔（溪畔村）、打廉（打簾村）、柳樹湳（柳鳳村）、鎮平（南鎮村、北鎮村）、厝仔（新生村）、新厝仔（新興村）、小紅毛社（福田村）以及田中鎮崁頂（頂潭里）、榕仔腳（中潭里）、龍潭（龍潭里）係以客裔為主體的村落，田尾鄉海豐崙（海豐村、陸豐村）則是客裔強勢分佈的村落，這12個聚落足以稱之為客裔聚落。

觀之彰化縣東南區，除了田尾鄉、田中鎮散佈客裔聚落之外，在溪州鄉、北斗鎮也居住為數不少的客裔，尤其溪州鄉南邊最為密集，大致沿今日的濁水溪北岸分佈，如三條、三圳、菜公、潮洋、張厝五個村的廖、包、黃姓人家皆是，佔將近一半的人口。[5] 溪州鄉的三條、三圳、菜公、張厝、潮洋五個村大多是廖姓人家，約佔溪州鄉五分之一人口，他們是屬於「雙廖」，亦即死後必須歸宗改姓「張」，祖籍為福建省漳州府詔安縣。[6] 此外，居住在菜公村的黃姓族人與潮洋村的包姓族人以及水尾村的鐘姓族人也是客裔，黃姓客裔來自福建省漳州府詔安縣，鐘姓族人來自福建省漳州府詔安縣深橋鎮港頭村，包姓客裔有兩大支派：其一是廣東廣東省潮州府揭陽縣、其二是福建省汀州府明溪縣。

5　邱彥貴等編撰，《彰化縣客家族群調查》，頁149。

6　邱彥貴等編撰，《彰化縣客家族群調查》，頁149。

　　大致來說，溪州鄉西螺溪北岸的水尾、三條圳、菜公、潮洋厝等
聚落原本與溪南西螺、二崙、崙背等地的詔安客連成一氣，後因濁水
溪變遷改道而導致分隔在大溪南北岸，其後行政區域的調整，這些詔
安客居住的土地切入東螺東保（彰化縣）。《雲林縣采訪冊》在西螺堡
項下載：「東以饒平厝、樹仔腳與溪洲堡分界，西以荷苞嶼、大北園
與布東堡分界，南以吳厝莊、大埔尾與他里霧、斗六堡分界，北以水
尾莊、菜公溝（菜公村）與彰屬北斗堡分界。」[7]可知原來水尾莊、
菜公溝等地原歸屬西螺堡而與西螺地區詔安客裔聲氣相通，然明治35
年（1902）11月25日原屬斗六廳下西螺堡菜公溝庄、水尾庄、新厝
庄、牛埔厝庄改為彰化廳管轄。[8]因此，菜公溝庄、水尾庄、新厝庄
因西螺溪之隔而劃出西螺地區客裔的生活圈，從而溪州鄉南邊出現了
彰化縣較少見的福建省詔安籍客裔。

　　除了溪州鄉南邊聚落頗多的詔安籍客裔外，日治時期日本人在北
斗地區成立大型農場，復以濁水溪堤防修築而衍生舊濁水溪（東螺
溪）的新生溪埔地，吸引許多桃、竹、苗客家人移民入墾北斗、溪州
而形成一些客家二次移民的聚落角頭，其中北斗鎮新生里、溪州鄉西
畔村一帶俗稱「溪底」以及溪州鄉成功村「岸角」形成了客家人聚居
的庄落。大致而言，觀之溪州鄉、北斗鎮、二水鄉的各聚落，溪州鄉
水尾（水尾村）、外潮洋厝（三條村）、三條圳（三條村、三圳村）、
菜公厝（菜公村）、竹圍（張厝村）、新厝（菜公村）、潮洋厝（潮洋
村、張厝村）、岸角（成功村）以及溪底（北斗鎮新生里、溪州鄉西
畔村交界）等地可名之以客裔為主體的客裔聚落。下述，依序說明之。

一　溪州鄉水尾

　　水尾位於現今西螺大橋北端，地名起原因往昔村落創建於馬福圳之尾段而得稱。[9]該庄南邊隔濁水溪與西螺街為界，東臨外潮洋、三條圳庄，西邊為竹塘鄉田頭庄，西北為埤頭鄉路口厝庄。

　　水尾當地居民以鐘姓為主，水尾「鐘」姓與西螺地區的「鍾」姓族人同源，長期研究西螺溪南岸詔安客文化的楊永雄表示：

> 雲林鍾姓詔安客家人的分布主要有幾個地方，八大社算是較集中的區域，外圍包括二崙的大庄及酒姑仔；另西螺及埔心的鍾姓大都源自詔安港頭。曾屬西螺堡的彰化溪州水尾村，住著一批「鐘」姓居民，源自詔安的港頭村，堅持自己是「鐘」姓的福佬人；……。[10]

　　關於鍾姓來台的歷史脈絡，清雍正年間有福建漳州府詔安縣鍾田佐入墾今雲林二崙，他們屬於文質公與益等公的派下，也是今日溪州鄉鐘姓人家的先祖。[11]

　　水尾有百分之八十是鐘姓人家，[12]鐘姓族人的祖籍為福建省詔安縣深橋鎮港頭村，屬詔安客裔，因此水尾是一個以客裔為主體的聚落。

二　溪州鄉三條圳與外潮洋厝

　　三條圳位於溪州鄉南部，西鄰外潮洋、水尾庄，南臨菜公庄，東

9　洪敏麟，《臺灣舊地名之沿革》第二冊（臺中市：臺灣省文獻委員會，1984年），頁421。

10　楊永雄，〈雲林鍾姓詔安客家八大社〉。

11　參見洪長源，《溪州鄉客家地圖》（彰化：彰化縣溪州鄉公所，2005年11月），頁74。

12　洪長源，《溪州鄉客家地圖》，頁68。

南為潮洋厝。三條圳村地名緣起有二：其一，境內為莿仔埤圳之水源地域，有三條圳道橫過，因得名；[13]其二，從溪洲至此，需設三條圳溝，因此稱為三條圳。[14]

三條圳居民大多為廖姓族人，亦是「生廖死張」的「雙廖」，關於廖姓族人的祖源脈絡，根據當地居民廖吉雄由其「公媽龕」抄錄出來的資料載：其祖先是第十二世時來臺，十三、十四世都住在西螺港尾，第十五世在遷居至三條；第十五世名叫張肚，生於道光壬辰年（1832），卒於咸豐戊午年（1858）：他本人是第十九世。[15]從而可見三條圳當地張廖家族與西螺、崙背、二崙張廖家族係同宗。

三條圳西臨外潮洋庄，地名緣起於廣東省廣東省潮州府潮陽縣籍移民所創建之村莊，又為興東方約三公里處之內潮洋厝區別，而稱為外潮洋。[16]外潮洋的居民也以廖姓為多，應是三條圳一帶廖姓族人擴衍而來。

三條圳與外潮洋厝廖姓族人同西螺七崁地區廖姓，祖籍為福建省漳州府詔安縣的官坡，屬詔安客裔，因此三條圳、外潮洋厝同是以客裔為主體的聚落。

三 溪州鄉菜公、新厝、竹圍

溪州鄉菜公、新厝、竹圍三個村落角頭看似分立，實則連成一氣，居民多姓廖，也多以竹圍北聖天宮為信仰中心。菜公地名起源有二：其一為濁水溪堤防尚未修築時，先民曾於此開墾一水圳，稱為菜公溝，聚落位於菜公溝畔，因而得名；其二，往昔有老翁在此築屋吃

---

13 參見洪敏麟，《臺灣舊地名之沿革》第二冊，頁420。
14 參見葉爾建等撰述，《臺灣地名辭書・彰化縣》，頁958。
15 參見洪長源，《溪州鄉客家地圖》，頁77。
16 參見洪敏麟，《臺灣舊地名之沿革》第二冊，頁420。

齋，因得名。[17]新厝地名緣起，因新形成之村落，而得名。[18]竹圍地名緣起，聚落四周早先周圍種植刺竹，因而得名。[19]

溪州鄉菜公居民以廖、黃姓居多數，新厝居民以廖、張姓為主，竹圍也是以廖、黃姓為多。菜公、新厝、竹圍的廖姓族人與三條圳同宗，祖籍為福建省漳州府詔安縣的官坡。至於黃姓族人的祖籍，洪長源《溪州鄉客家地圖》訪問溪州農會總幹事黃坤益及村民黃水馨、黃江為、黃滿雄、黃萬傳，其祖先都是來自福建福建省漳州府詔安縣。[20]菜公村最先應是黃姓家族在此定居，北聖天宮也是由黃姓家族建立，廟中香爐上有七個信徒奉獻，其中四個是黃姓，即黃淮、黃程、黃萬福、黃丁放，這四個人都是本村的人，另外牆上的繪圖也大多是黃姓人家奉獻。[21]

大致來說，溪州鄉菜公、新厝、竹圍的廖姓、黃姓族人，祖籍為福建省漳州府詔安縣，皆屬詔安客裔，因此菜公、新厝、竹圍也是以客裔為主體的聚落。

四　溪州鄉潮洋厝

潮洋厝北通北斗街，南隔西螺溪望向雲林縣莿桐鄉饒平村，西鄰菜公、竹圍，東北接柑園，地名緣起乃最早入墾創村為廣東省廣東省潮州府潮洋縣人而得名。[22]現今溪州鄉潮洋村與張厝村原本是同一個村莊，名稱叫就「潮洋厝」，後來因人口較多分為兩村，本地除包姓人家外，就以廖姓為多，廖姓人家死後必須改姓歸宗為「張」，所以

17　參見洪敏麟，《臺灣舊地名之沿革》第二冊，頁420。

18　參見洪敏麟，《臺灣舊地名之沿革》第二冊，頁420。

19　參見葉爾建等撰述，《臺灣地名辭書・彰化縣》，頁955。

20　洪長源，《溪州鄉客家地圖》，頁89。

21　洪長源，《溪州鄉客家地圖》，頁88。

22　參見洪敏麟，《臺灣舊地名之沿革》第二冊，頁420。

新增的村就叫「張厝村」。[23]潮洋村的包姓祖先來自廣東省潮州府揭陽縣及福建汀州府明溪縣，因此潮洋之名的由來應與此有所關聯。[24]

關於潮洋厝的包姓族人的淵源，根據族譜記載，全臺包姓人家可分為五大派別，第三是來自福建省汀州府明溪縣及廣東廣東省潮州府揭陽縣的包恭裕世系，居住在彰化溪州、竹塘及雲林斗六、斗南，其中來自福建省汀州府明溪縣及廣東廣東省潮州府揭陽縣的都是住在溪州鄉潮洋厝，所以目前全臺各地的包姓人家如果祖籍地是在這兩個地方的，必然都是從潮洋厝遷居出去的。[25]

大致來說，潮洋厝的廖姓族人祖籍為福建省漳州府詔安縣，屬詔安客裔；包姓族人祖籍為廣東省潮州府揭陽縣及福建汀州府明溪縣，亦屬客裔，因此潮洋厝也是以客裔為主體的聚落。

五　北斗鎮、溪州鄉交界的「溪底」

大正7年（1918），濁水溪護岸堤防開始修築，並將東螺溪等支流源頭匯入西螺溪，工程殆至大正10年（1921）完竣。堤防築起後，東螺溪河床浮覆地漸次出現，溪底的大片土地成為開拓的新天地。開墾溪埔新生地需要大批人力，農場方面於是向北部客家人招募，所以一群北部客家人移居在北斗鎮、溪州鄉交界一帶土名為「溪底」的地方，包含現今北斗鎮新生里「流離摳仔」（河壩底）以及溪州鄉西畔村廣一、廣二、廣三巷等地，約有百餘戶人家。[26]或許可以這樣理解，溪州鄉的西畔村廣一、二、三巷客家人原本和北斗鎮新生里「流離摳仔」是同一聚落，大家共同建立廣福宮，奉祀玄天上帝，雖然行

23　洪長源，《溪州鄉客家地圖》，頁99。

24　洪長源，《溪州鄉客家地圖》，頁99。

25　洪長源，《溪州鄉客家地圖》，頁102。

26　洪長源，《溪州鄉客家地圖》，頁127。

政區劃分為不同兩個鄉鎮，其實生活是一體的。[27]

現今北斗鎮新生里「流離摳仔」以及溪州鄉西畔村廣一、廣二、廣三巷等地的居民大多為臺灣北部客家人的二次移民，姓氏紛雜，但多為桃竹苗客家人南遷。如：北斗鎮新生里興農路375巷18號的詹氏是客家人，祖籍為廣東省潮州府饒平縣，來臺的第一代落腳於新竹關西，傳到第五代，適好因舊濁水溪溪埔地的開發，又遷居來此；[28]西畔村廣一巷鍾封勇的祖先來自於廣東嘉應州蕉嶺縣三圳鎮，祖先相英公來臺時先落腳於桃園龍潭，幾代之後南遷到北斗，最後到這裡定居；[29]西畔村廣一巷古堂源祖先由大陸廣東梅縣遷至臺灣，初始定居在桃園縣石門水庫附近，後遷移至此定居；西畔村廣一巷徐旭安來臺祖為壽華公支派，祖籍是廣東省嘉應州鎮平縣（今蕉嶺縣），日治時代其祖父前來舊濁水溪浮腹地墾殖而移居。[30]

大致來說，北斗鎮、溪州鄉交界的「溪底」的住民幾乎多是桃竹苗客家二次移民而來，基本上都是客屬，因此溪底也是以客裔為主體的聚落。

六 溪州鄉岸角

岸角位於西螺溪北岸，地處濁水溪堤防轉彎處，因而稱為「岸角」。此聚落以陳、邱、徐等為三大姓氏，約十幾戶，從苗栗通霄、公館、銅鑼與三義等地搬遷至此。[31]他們都是濁水溪堤防築起之後，鄭四蚶在這裡設立圳寮農場，被招募來此墾殖的。[32]

---

27 參見邱彥貴等編撰，《彰化縣客家族群調查》，頁308。

28 參見邱彥貴等編撰，《彰化縣客家族群調查》，頁308。

29 參見洪長源，《溪州鄉客家地圖》，頁164。

30 洪長源，《溪州鄉客家地圖》，頁179。

31 參見葉爾建等撰述，《臺灣地名辭書‧彰化縣》，頁950。

32 洪長源，《溪州鄉客家地圖》，頁186。

邱姓族人來臺始祖鎮平十七世祖先秀文約雍正、乾隆年間來臺，原定居在苗栗西湖，傳至第二十一世坤郎於西元1028年再遷居彰化縣。[33]徐姓族人的祖源依《徐氏族譜》記載：傳至第七十三世祖先夢龍，是白泥湖開基始祖，是在廣東鎮平縣，所以又稱「鎮平一世」。[34]

　　大致來說，岸腳的住民幾乎多是桃竹苗客家二次移民而來，大多是客屬，因此岸角同樣是以客裔為主體的聚落。

第三節　彰化縣東南區的客裔聚落分佈

　　綜合前述所分析，彰化縣東南區有二十餘個以客裔為主體而型態較為完整的聚落，分別是曾厝崙（田尾鄉南曾村、北曾村）、溪畔（田尾鄉溪畔村）、打廉（田尾鄉打簾村）、柳樹湳（田尾鄉柳鳳村）、鎮平（田尾鄉南鎮村、北鎮村）、厝仔（田尾鄉新生村）、新厝仔（田尾鄉新興村）、小紅毛社（田尾鄉福田村）、崁頂（田中鎮頂潭里）、榕仔腳（田中鎮中潭里）、龍潭（田中鎮龍潭里）、水尾（溪州鄉水尾村）、外潮洋厝（溪州鄉三條村）、三條圳（溪州鄉三條村、三圳村）、菜公（溪州鄉菜公村）、竹圍（溪州鄉張厝村）、新厝（溪州鄉菜公村）、潮洋厝（溪州鄉潮洋村、張厝村）、岸角（溪州鄉成功村）、溪底（北斗鎮新生里、溪州鄉西畔村）等，另外海豐崙（田尾鄉海豐村、陸豐村）則是一個客裔強勢分佈的村落。

　　再者，以客裔所處空間來加以分析，田尾鄉的客裔祖籍以廣東省潮州府饒平縣為多，田中鎮的客裔祖籍以福建省漳州府南靖縣為多，聚落主要分佈在八堡一圳、八堡二圳兩側，如曾厝崙、溪畔、打廉、柳樹湳、鎮平、厝仔、新厝仔、小紅毛社、崁頂、榕仔腳、龍潭行政

---

33 洪長源，《溪州鄉客家地圖》，頁187。

34 洪長源，《溪州鄉客家地圖》，頁187。

區大多隸屬清東螺東保、武西保；溪州鄉的客裔祖籍以福建省漳州府詔安縣為多，聚落主要分佈在西螺溪北岸，如水尾、外潮洋厝、三條圳、菜公、竹圍、新厝、潮洋厝行政區原多隸屬清西螺保，日治時期改隸東螺東保。此外，日治時期濁水溪（西螺溪）堤防興築而截斷東螺溪的水源改道，舊濁水溪（東螺溪）兩岸因而浮現大片土地，吸引許多桃竹苗客家人二次移民南遷，也形成一些客裔聚落，如岸角、北斗鎮新生里、溪州鄉西畔村的溪底等則屬此類。

　　從清代迄於至日治時期以降，閩粵客裔因應歷史變遷而漸次移墾彰化縣東南區，從而在田尾鄉、田中鎮、溪州鄉、北斗鎮等地形成二十餘個客裔聚落，雖然他們受到福佬文化的強勢影響而遺失了一些客家文化的表徵，甚至被稱以「福佬客」，然而時至今日，這些客裔聚落仍然留存一些有別於福佬人聚落的客家文化風情，後文再依序說明之。

表 4-2：彰化縣東南區的客裔聚落一覽表

編號	聚落	行政區	備註
1	曾厝崙	田尾鄉南曾村	以客裔為主體的村落
		田尾鄉北曾村	
2	溪畔	田尾鄉溪畔村	以客裔為主體的村落
3	打廉	田尾鄉打簾村	以客裔為主體的村落
4	柳樹湳	田尾鄉柳鳳村	以客裔為主體的村落
5	鎮平	田尾鄉南鎮村	以客裔為主體的村落
		田尾鄉北鎮村	
6	厝仔	田尾鄉新生村	以客裔為主體的村落
7	新厝仔	田尾鄉新興村	以客裔為主體的村落
8	小紅毛社	田尾鄉福田村	以客裔為主體的村落
9	崁頂	田中鎮頂潭里	以客裔為主體的村落
10	榕仔腳	田中鎮中潭里	以客裔為主體的村落

編號	聚落	行政區	備註
11	龍潭	田中鎮龍潭里	以客裔為主體的村落
12	水尾	溪州鄉水尾村	以客裔為主體的村落
13	外潮洋厝	溪州鄉三條村	以客裔為主體的村落
14	三條圳	溪州鄉三圳村	以客裔為主體的村落
		溪州鄉三條村	
15	菜公	溪州鄉菜公村	以客裔為主體的村落
16	竹圍	溪州鄉張厝村	以客裔為主體的村落
17	新厝	溪州鄉菜公村	以客裔為主體的村落
18	潮洋厝	溪州鄉潮洋村	以客裔為主體的村落
		溪州鄉張厝村	以客裔為主體的村落
19	岸角	溪州鄉成功村	以客裔為主體的村落
20	溪底	北斗鎮新生里	以客裔為主體的村落
		溪州鄉西畔村	
21	海豐崙	田尾鄉海豐村	客裔強勢分佈的村落
		田尾鄉陸豐村	

資料來源：研究者整理。

第五章
彰化縣東南區客裔聚落民居與土地信仰空間的特色

田尾鄉曾厝崙立石塊祀土地神

　　經由前章分析綜理，大致可以掌握彰化縣東南區客裔聚落的分佈情形，本章擬就曾厝崙、溪畔、鎮平等二十餘個客裔聚落進行考察分析，探討彰化縣東南區客裔聚落的型態與人文空間，彰化縣東南區客裔聚落傳統合院的使用空間以及土地公（伯公）廟的祭祀空間仍存有客家遺風，本章以傳統民居合院、土地信仰空間等顯見的外在環境來作歸納分析，以見濁水溪流域彰化縣東南區客裔的聚落民居與土地信仰空間的特色。

圖 5-1：立石牌祀神是客家信俗的特點之一

第一節　聚落型態：居住型態多為血緣性的集結村落

觀察彰化縣東南區客裔聚落的生活景觀，存在若干客家的文化遺風與地域特點。在聚落型態上，則以血緣性村落集結的方式頗為常見，彰顯了客家團結性的本質。下述，依序說明之。

一　聚落型態：居住型態多為血緣性的集結村落

一般來說，客家族群的宗親意識較為濃厚，因此土地的開發和血緣和地緣有密切關係。臺灣開發早期，同宗親一起渡臺拓墾的情形頗為常見，尤其客家族群在開墾土地時，呼朋引伴的對象通常多是自己的親兄弟就是有血緣的宗族，因而屢屢形成單姓聚落。這種單姓的血緣姓聚落同時伴隨著客家人為了生存壓力，必須團結抵禦外侮，從而體現了客家人團結的內涵。

觀察彰化縣東南區的客裔聚落，相較於鄰近福佬人聚落，血緣性所集結的村落相當明顯，主要如下：

表 5-1：彰化縣東南區客裔聚落的姓氏人群組成

編號	聚落	行政區	血緣性所集結的聚落角頭
1	曾厝崙	田尾鄉南曾村 田尾鄉北曾村	曾厝崙主要有林厝、鄭厝、沙仔、莊厝、徐厝、橋仔頭、新厝仔、吳厝、大宅、葉厝、王爺廳、竹圍仔、巷仔口、菁仔宅、黃厝（頭前厝）、埔頭仔（後邊厝）、邱厝（西畔仔）等17個角頭聚落。其中林厝為林姓客裔角頭；莊厝為莊姓客裔角頭；徐厝為徐姓客裔角頭；橋仔頭、新厝仔、菁仔宅以陳姓客裔為多，可視為陳姓客裔角頭；吳厝為吳姓

編號	聚落	行政區	血緣性所集結的聚落角頭
			客裔角頭；大宅、王爺廳、邱厝為邱姓客裔角頭。
2	溪畔	田尾鄉溪畔村	溪畔主要有北畔厝、大閘門內、溪畔店子、庄尾等4個角頭聚落。4個角頭聚落皆以陳姓客裔為多，可視為陳姓客裔角頭。
3	打廉	田尾鄉打簾村	打簾主要有打廉、庄頭、張厝後、崙仔等4個角頭聚落。其中庄頭、崙仔以羅姓客裔為多，可視為羅姓客裔角頭；張厝後住民以張姓客裔為多，可視為張姓客裔角頭。
4	柳樹湳	田尾鄉柳鳳村	柳樹湳主要有張厝、瓦宅內、醬油間、施厝（江厝）、後面厝（邱厝）、庄尾等6個角頭聚落。其中瓦宅內以周姓客裔為多，可視為周姓客裔角頭；醬油間以羅姓客裔為多，可視為羅姓客裔角頭；後面厝（邱厝）以邱姓客裔以及謝姓族人為多。
5	鎮平	田尾鄉南鎮村 田尾鄉北鎮村	鎮平主要有崁頭仔（徐厝）、南鎮牛埔、劉厝、范厝、巫厝、巷子口（林厝）、車路仔（詹厝、邱厝、牛車路）、暗學仔（張厝）、圳仔尾、土地公、巷仔口等11個角頭聚落。其中崁頭仔、巷仔口以薛姓為多，可視為薛姓客裔角頭；南鎮牛埔、劉厝以劉姓客裔為多，可視為劉姓客裔角頭；范厝、土地公以范姓客裔為多，可視為范姓客裔角頭；巫厝以巫姓客裔為多，可視為巫姓客裔角頭；車路仔以詹姓、邱姓客裔為多，可視為詹、劉姓結合的客裔角頭。
6	厝仔	田尾鄉新生村	厝仔主要有庄中、厝仔頭、庄尾、新社區（榮成天下、錦繡世界）等4個角頭聚落。其中庄中以范、劉姓客裔為多，可視為范、劉姓結合的客裔角頭；厝仔頭以劉姓客裔為多，可視為劉姓客裔角頭。

編號	聚落	行政區	血緣性所集結的聚落角頭
7	新厝仔	田尾鄉新興村	新厝仔主要有庄尾、蒲厝、暗學仔、三角圃、庄頭、田頭仔、崁頭仔等7個角頭聚落。其中庄尾、田頭仔、崁頭仔以邱姓客裔為多，可視為邱姓客裔角頭；暗學仔、庄頭以蕭姓客裔為多，可視為蕭姓客裔角頭；三角圃以李姓客裔為多，可視為李姓客裔角頭。
8	小紅毛社	田尾鄉福田村	小紅毛社主要有頂厝、陳厝、李厝、下厝等4個角頭聚落。其中陳厝以陳姓客裔為多，可視為陳姓客裔角頭；李厝 以李姓客裔為多，可視為李姓客裔角頭。
9	崁頂	田中鎮頂潭里	崁頂居民以蕭姓客裔為主，堪稱為蕭姓聚居的血緣聚落。
10	榕仔腳	田中鎮中潭里	榕仔腳居民以許姓客裔為主，堪稱為許姓聚居的血緣聚落。
11	龍潭	田中鎮龍潭里	龍潭居民以蕭姓客裔為主，堪稱為蕭姓聚居的血緣聚落。
12	水尾	溪州鄉水尾村	水尾居民有80％是鐘姓客裔，為鐘姓血緣聚落。
13	外潮洋厝	溪州鄉三條村	外潮洋厝居民大多為廖姓詔安客，堪稱為廖姓血緣聚落。
14	三條圳	溪州鄉三圳村 溪州鄉三條村	三條圳居民大多為廖姓詔安客，堪稱為廖姓血緣聚落。
15	菜公	溪州鄉菜公村	菜公居民以廖、黃姓詔安客為主，堪稱為廖姓、黃姓聚居的血緣聚落。
16	竹圍	溪州鄉張厝村	竹圍居民以廖、黃姓詔安客為主，堪稱為廖姓、黃姓聚居的血緣聚落。
17	新厝	溪州鄉菜公村	新厝居民以廖詔安客以及張姓為多，堪稱為廖姓聚居的血緣聚落。

編號	聚落	行政區	血緣性所集結的聚落角頭
18	潮洋厝	溪州鄉潮洋村	潮洋厝居民以廖姓詔安客以及包姓客裔為主，堪稱為廖姓、包姓聚居的血緣聚落。
		溪州鄉張厝村	
19	岸角	溪州鄉成功村	日治時期臺灣北部客家二次移民，屬雜姓村。
20	溪底	北斗鎮新生里	日治時期臺灣北部客家二次移民，屬雜姓村。
		溪州鄉西畔村	
21	海豐崙	田尾鄉海豐村	海豐崙主要有海豐崙、石分子、田中央、農場、田洋仔、田東仔（田中央仔）、客人庄、八號半、九號等9個角頭聚落。田中央、田洋仔以邱姓客裔為多，可視為邱姓客裔角頭；田東仔（田中央仔）以吳姓客裔為多，可視為吳姓客裔角頭；客人庄以曾姓客裔為多，可視為曾姓客裔角頭。

資料來源：研究者整理。

　　承上所述，可以發現彰化縣東南區的客裔聚落除了日治時期臺灣北部客家二次移民所形成的岸角、北斗與溪州交界的「溪底」聚落屬雜姓村，其餘的客裔聚落多由姓氏宗族所形成的血緣聚落為多，如溪畔可說是陳姓客裔聚居而成，崁頂、龍潭堪稱為蕭姓客裔聚居的血緣聚落，榕仔腳為許姓客裔聚居的血緣聚落，水尾為鐘姓客裔的血緣聚落，三條圳、外潮洋厝為廖姓客裔的血緣聚落。至於聚落角頭由血緣性宗親聚居的型態也是所在多有，如田尾鄉林厝、張厝、莊厝、邱厝、劉厝、范厝、李厝等角頭便以姓氏名其所在。

　　雖然血緣性聚落並非僅是客家族群所獨有，然而在客家聚落中卻是體現其團結的外顯型態，這種以血緣性集結成庄的聚落型態亦是彰化縣東南區客裔文化的呈現。

第二節　傳統住屋合院的空間格局與特點

　　在傳統住屋合院的使用空間上，彰化縣東南區客裔族群受到福佬人的影響而漸趨福佬化，許多傳統的舊俗已逐漸散佚，如客家的第一落堂屋原多祖堂，然後受到福佬人的影響而大改設為神明廳，家神牌位已仿傚福佬人型式並放置虎邊，中間有無神明不一定；再如客家的天公爐原多設在戶外見天，然受到福佬人的影響而將天公爐設於「正廳」的燈樑上，現今在彰化縣東南區已經罕見天公爐設於戶外的情景。不過，若仔細觀察彰化縣東南區客裔族群的傳統古厝合院，仍然可以發現一些作為客裔的文化特點，這些特點頗異於鄰近的福佬人聚落，主要有：

一　合院以祖堂（公媽廳）為核心，正屋與橫屋大多分離，呈現「圍屋」型態

　　參酌賴志彰《彰化縣客家族群調查》的論點，彰化縣客裔民居的建築空間表達有一個基軸，為以祖堂（公媽廳）為核心，再往左、右兩翼，或往屋後持續擴大；即客裔民居有一個基本原則與秩序，以正身「堂屋」為核心，依次往左右兩個方向發展出護龍，中間圍出一個埕，形成三方向合圍的院落空間，以後可以依據需求，砍伐周側的竹圍或果園，繼續往外延伸出多條護龍，必要時再往後（或往前）拉出兩個複製的「堂屋」。[1]

1　參見邱彥貴等編撰，《彰化縣客家族群調查》（彰化：彰化縣文化局，2005年8月），頁272-274。

圖5-2：田尾鄉小紅毛社李家古厝以正　圖5-3：田尾鄉溪畔陳家古厝以正
　　　　身「堂屋」為核心，依次往左　　　　　身「堂屋」為核心，左右
　　　　右兩個方向發展出護龍　　　　　　　各有三條橫屋（護龍）

圖5-4：田中鎮榕仔腳許氏祖厝建築空間以祖堂（公媽廳）為核心，
　　　　再往左、右兩翼，或往屋後持續擴大

　　陸元鼎、魏彥鈞《廣東潮汕民居》即提出正堂與橫屋所成包夾為
「后包」、「厝包」，左右兩翼的往外擴大，形成列陣式的「橫屋」
群，是為「從厝」，於是「包」、「從」、「圍」成為客家民居的基本特

質，看待彰化平原帶的客家民居，「包」與「圍」的包蔽性，形成特色。[2]在彰化縣東南區的客家聚落，常見正身廳堂正身與護龍不連接，正身後方拉出數個「堂屋」，左右兩翼的往外形成列陣式的「橫屋」群，呈現出一種類似「圍屋」的型態。「圍屋」是一種集體住宅的建築型態，外型有方形、圓形、半圓形等多種，圓形的圍屋又稱為「土樓」，方形的圍屋則近似四合院，這種建築以奉祀祖先的廳堂為中心展開，形成一座堅固的精神堡壘，對外具有保衛的條件。[3]

　　正身廳堂一般皆為三開間，必要將正身與護龍作連接時，會保留三個開間數的空間使用的整體性，再從左右兩翼多拉出第四、第五個房間（即左、右稍間）與護龍相連，並將這兩個房間作成前後有門的「通道間」；金門居民稱這種正面看來有五個房間數者為「五見光」，臺灣客家地域的民居所常見這種處理手法，也是彈性空間的處理。[4]「五見光」幾乎可以說是客家地域的標準手法，其為源自三開間的擴大，然桃園、新竹卻不外露簷廊，形成內簷廊，並在最前面的正身堂屋，形成三個入口大門，在溪湖、永靖、田尾一帶有許多案例。[5]觀察彰化縣東南區客裔族群的宅第，我們可發現客裔族群的宅第正身若從左右兩翼多拉出第四、第五個房間時多為五開間見光，如田尾鄉海豐崙朱家古厝、柳樹湳周增輝宅、鎮平鎮福宮鄰側的詹氏祖厝、小紅毛社穎川堂陳家祖厝第一落正屋、新厝仔仁興巷邱氏古厝以及田中鎮榕仔腳許氏古厝、舊街沙崙里游氏古厝等。

2　參見賴志彰，〈彰化縣客家民居的地域風格〉，《彰化文獻》第21期，2016年11月，頁17。

3　參見中華民國僑務委員會－客家庄－客家夥房：http://edu.ocac.gov.tw/lang/hakka/c/c.htm，2019年9月搜尋。

4　參見賴志彰，〈2004年福佬客文化節-認識福佬客／建築空間表達〉：http://ihakka.hakka.gov.tw/fulao2004/main_2_d.htm，2019年9月搜尋。

5　賴志彰，〈彰化縣客家民居的地域風格〉，頁18。

圖5-5：田尾鄉海豐崙朱家古厝宅
第為正身為五開間見光

圖5-6：田尾鄉柳樹湳周增輝宅第為
正身為五開間見光

圖5-7：田尾鄉鎮平鎮福宮鄰側的
詹氏祖厝為五開間見光

圖5-8：田尾鄉新厝仔仁興巷邱氏古
厝為五開間見光

圖5-9：田尾鄉小紅毛社穎川堂陳
家祖厝第一落正屋為五開
間見光

圖5-10：田中鎮榕仔腳許姓古厝（中
潭活動中心對面）以正廳為
核心，正身為五開間見光

　　另外，觀察彰化縣東南區的客裔古厝，頗多三開間正屋與橫屋分離，兩側數條護龍圈圍住數個堂屋，也是彰化縣客裔民居的建築的常見類型之一，如田尾鄉曾厝崙邱氏祖厝、鎮平薛宅河東堂、鎮平北鎮村詹氏祖厝、鎮平范氏祖厝、厝仔黃氏祖厝、小紅毛社隴西堂李氏古厝、溪畔穎川堂陳家古厝以及田中鎮榕仔腳許氏祖厝等皆是如此。

圖 5-11：田尾鄉曾厝崙南曾村邱氏　圖 5-12：田尾鄉曾厝崙林氏祖厝
　　　　　祖厝

圖 5-13：田尾鄉鎮平薛姓祖厝河東　圖 5-14：田尾鄉鎮平北鎮村 1 鄰詹
　　　　　堂　　　　　　　　　　　　　　　　氏祖厝

圖 5-15：田尾鄉鎮平南鎮村范氏　　圖 5-16：田尾鄉小紅毛社隴西堂李
　　　　　祖厝　　　　　　　　　　　　　　氏古厝

二　祭祀空間正廳以祭祀祖先為主或分設神明廳、祖堂

　　信仰祖先神及對祖先崇拜，無疑是客家人信仰世界中的一個重點與頗具特色的方面。[6]

　　祖先崇拜對於客家人來說不僅是心理的需要，更有實際的作用，及客家人的祖先崇拜最重要功能是強化宗族關係。客家人所居住的自然環境多是交通閉塞、土地貧瘠的山區，為了在惡劣得自然條件下更好地生存與發展，需要更多的人，特別是宗族成員之間互助共濟。尤其是在客家族群的移墾歷史脈絡裡，客家人頗多是較遲的遷居者，因著生活資源爭奪等因素而頗多社群分類衝突，在這種情況下，小家庭的力量是遠遠不夠的，現實上需要依靠宗族的力量來獲得安居，因此宗族的構建與強化顯得十分重要。因為祖先在宗族中處於至關重要的地位，「崇祖」也就是成為宗族形成凝聚力的第一要務，客家人往往經由祖先崇拜的旗幟來團結宗族成員，通過崇祖對內可以增強凝聚力，對外壯大宗族的聲威，一旦「有事」則強大的宗族得以互相支援救濟。[7]

6　林曉平，《客家民間信仰與民俗文化》（北京：中國社會科學出版社，2012年12月），頁101。

7　本段參見林曉平，《客家民間信仰與民俗文化》，頁102。

　　因著這樣的生活需求，祭祀祖先是客家族群信俗相當重要的一環，祭祀祖先的祠堂等空間尤其講究。祠堂是建築物，一般要放祖先牌位，被視為祖先神靈所在，是祖先神靈在陽間的居處，在客家祠堂的組織系統，一般由如下層次的祠堂組成：總祠、分祠、支祠，許多宗族當一個房當其男丁超過100人時即可建分祠，當支房或小房人財俱旺達到一定程度就會建立起祭祀該支房或小房直系祖先的祠堂－支祠，甚至形成「房」下不斷分「房」，支祠下仍有支祠的局面。祠堂內的神牌、對聯及祭祀祖先的活動等，集中地反映出客家人的崇祖文化；客家祠堂具有強烈的凝聚力和親和力，同時也具有封閉性及排他性。[8]

　　因此，在客家傳統民居上，祭祀祖先居於重要的位置，不少客家民居頗多以獨立的廳堂空間來祭祀祖先，甚至正廳即以祭祀祖先為主。客家話俗諺：「祖在家，神在廟，人在屋，畜在欄。」在客家民居的傳統空間格局上，第一落正身「堂屋」通常為祭祀祖先的空間（公媽廳），並為以祖堂（公媽廳）為核心，再往左、右兩翼擴充護龍、祖堂後方擴充堂屋，並依循「祖在前，神在後」的順序，祖堂後方第二落明間主廳才是神明廳，充份展現「祖重於神」的內蘊，有別於福佬人正廳中央供奉神明的習尚，這種「祖重於神」的民俗心理也構成了客裔族群的生活空間之特色。

　　即使彰化縣東南區的客裔已深受福佬文化影響，許多正廳已成為祭祀神明為主的空間，我們依然可以在一些客裔聚落發現「祖在前，神在後」的合院空間配置，如：田尾鄉曾厝崙林厝林氏祖厝、溪畔村穎川堂陳家古厝、小紅毛社穎川堂陳家祖厝、小紅毛社隴西堂李氏古厝、新厝仔仁興巷邱氏古厝以及田中鎮榕仔腳許氏古厝等皆是如此，神明廳多規劃於正廳後方的第二落堂屋。此外，也有客裔正廳奉祀神明，也將祖先牌位擺在正中的情形，充分展現客家人「祖重於神」的民俗價值觀。

8　本段參見林曉平，《客家民間信仰與民俗文化》，頁104-105。

圖 5-17：田尾鄉溪畔穎川堂陳家古厝為三落大宅院，正廳為祖堂，正中央
　　　　為祖先牌位

圖 5-18：田尾鄉曾厝崙林厝林家祖厝為三落大宅院，正廳為祭祖空間

圖 5-19：田尾鄉小紅毛社穎川堂陳家祖厝為二落大宅院，正廳為祖堂，正
　　　　中央為祖先牌位

圖 5-20：田尾鄉新厝仔仁興巷邱氏古厝的正廳為祖堂，正中央為祖先
　　　　牌位

圖 5-21：田中鎮榕樹腳許氏古厝第一落正廳祭祀祖先

　　此外，彰化縣東南區客裔聚落也有將正廳更以奉祀神明為主，但
基於對祖先祭祀的崇敬，另外在正廳後方第二落規劃為祭祀祖先的祖
堂，形成神明廳、祖堂分設的情形，如田尾鄉曾厝崙南曾村邱氏祖
厝、鎮平南鎮村巫氏古厝的祖堂位於第二落的正屋廳堂，這些都在在
反映客裔對於祭祖的重視。不論將祖先牌位奉祀於第一落正廳抑或以
第二落堂屋為祖堂都與福佬人的習俗。

圖 5-22：田尾鄉曾厝崙南曾村邱氏祖厝第二落為祖堂

圖 5-23：田尾鄉鎮平南鎮村巫氏古厝第二落廳堂堂號書為揭陽堂

三　祖牌均書明郡望堂號或歷代先人，牌位上女性或稱「孺人」

　　客家人的祖牌多書明郡望堂號，並經常清楚地書寫歷代祖先，祖牌上對於女性先祖多書以「孺人」。關於牌位上女性稱為「孺人」，此源起於南宋末年，廣東梅州客家婦女奮勇助文天祥抵抗蒙古人，故文天祥稟奏朝廷，封天下客家婦女為孺人；因此由祖牌便可看出此地是否為客家人所居住或曾為客家地區。[9]

9　參見張塗金，〈客家婦女死後均稱孺人〉，《台北市梅州同鄉會刊》第12期，1998年2月。

　　在彰化縣東南區客裔的祖牌頗多詳列各世先祖，反映了客裔重視
祭祖的傳統。同時，在一些客裔的祖牌上仍可發現「孺人」的使用，
如田尾鄉鎮平北鎮村鎮福宮鄰側的詹氏祖厝祖牌、小紅毛社李家祠堂
震聲堂祖牌、鎮平薛姓祖厝河東堂祖牌、鎮平南鎮村巫氏古厝祖牌以
及田中鎮內灣東源里盧氏古厝內祖先牌位、榕仔腳許氏古厝祖牌等均
以「孺人」來敬稱女性祖先，這些也都是彰化縣東南區客裔人群所遺
留的客家傳統。

圖 5-24：田尾鄉鎮平北鎮村鎮福宮　圖 5-25：田尾鄉小紅毛社李家祠堂
　　　　　鄰側的詹氏祖厝祖牌以　　　　　　　　震聲堂祖牌以「孺人」來
　　　　　「孺人」來敬稱女性祖先　　　　　　　敬稱女性祖先

圖 5-26：田尾鄉鎮平薛姓祖厝河東　圖 5-27：田尾鄉鎮平南鎮村巫氏古
　　　　堂祖牌以「孺人」來敬稱　　　　　　厝祖牌以「孺人」來敬稱
　　　　女性祖先　　　　　　　　　　　　女性祖先

圖 5-28：田中鎮內灣東源里盧氏古　圖 5-29：田中鎮榕仔腳許氏古厝祖
　　　　厝內祖先牌位　　　　　　　　　　牌詳列各世先祖，祖牌上
　　　　　　　　　　　　　　　　　　　　仍可發現「孺人」的使用

四　正廳棟對聯句反映達重文教的客家風尚

　　客家人非常重視文教，耕讀傳家更是客家族群的古訓，常透過堂屋建築的棟對的「對聯」文字來傳承他們慎終追遠、重視子孫教育的意念，因此在客家族群的傳統民居常書以聯對來表達他們對子孫勤儉耕讀的期許，如：田尾鄉新厝仔仁興巷邱氏古厝廳堂前對聯「何勤公益正氣綿祖德　南儉積善和睦振家聲」、田尾鄉鎮平北鎮村詹氏古廳堂前橫批「勤儉治家富貴春」。此外，客家人相當重文教，廳堂棟對或聯對頗多傳達儒家忠孝節義、齊家治國的期勉，如田尾鄉小紅毛社穎川堂陳家祖厝的祖堂的聯對「齊家治國平天下　大學中庸仔細看」，反映出客族群群重視文教的風尚。

圖 5-30：田尾鄉小紅毛社陳家祖厝的正廳為祖堂，書以聯對「齊家治
　　　　國平天下　大學中庸仔細看」

圖 5-31：田尾鄉新厝仔邱氏古厝廳堂前對聯「何勤公益正氣綿祖德
　　　　　南儉積善和睦振家聲」

第三節　客裔族群的土地神信仰與特色

　　觀察彰化縣東南區客裔聚落的人文景觀，相較於區域內的福佬人
聚落，除了傳統民居合院外，土地信仰的空間與祭祀型態也是明顯異
於福佬聚落。大致上來說，客裔在土地信仰的特點主要反映在土地神
的祭祀型態、土地公廟後的化胎以及土地神與大樹、石頭信仰的複
合，即使彰化縣東南區客裔受到福佬文化的影響頗深，土地神信仰卻
依然承襲著客家文化的習尚，下述說明之。

一　土地神的祭祀型態

　　臺灣各地供奉土地公的型態不盡相同，一般來說福佬人多塑木雕
神像而稱之為「土地公」，客家人則多用石板或木牌上書「福德正神

香位」或「福德正神神位」來祭祀，少有塑像或以石塑神體，甚至有
些客家人直接在牆上寫「福」或「福德正神」字而成為土地神的祭祀
載體，並常稱之為「伯公」。

　　觀察彰化縣東南區客裔聚落的土地神信仰，可以明顯地發現庄頭
的土地神信仰原多以石板或木牌當作香位，上書「福德正神香位」或
「福德正神神位」，如田尾鄉鎮平福安宮舊廟更是僅在牆上寫「福德
正神」字來作為祭祀對象，溪州鄉水尾福德祠福德正神石牌、田尾鄉
新厝仔興福宮福德正神香位則是以石板書以福德正神字樣，田尾鄉曾
厝崙福寧宮、溪畔福德宮、打廉廣福祠、柳樹湳隆安宮、海豐崙福德
宮、鎮平福安宮、新厝仔興福宮等土地公廟都存有「福德正神香位」
或「福德正神神位」的木牌神位，溪州鄉菜公村福德宮、潮洋厝土地
公廟神案前方以磁磚拼黏出「福」字似有沿襲早期客家祭祀土地神的
簡樸作法，這些型態都在在體現了早期客裔族群對於土地神信仰的祭
祀型態。

圖 5-32：田尾鄉鎮平福安宮舊廟在牆上寫「福德正神」字來作為祭祀
　　　　　對象

圖 5-33：田尾鄉新厝仔興福宮福德正神香位

圖 5-34：溪州鄉水尾福德祠福德正　圖 5-35：田尾鄉打簾村廣福祠福德
　　　　神石牌　　　　　　　　　　　　　正神香位

圖 5-36：田尾鄉曾厝崙福寧宮福德　圖 5-37：田尾鄉溪畔福德宮福德正
　　　　正神香位　　　　　　　　　　　　神香位

圖 5-38：田尾鄉柳樹湳隆安宮福德　圖 5-39：田尾鄉海豐崙福德宮福德
　　　　正神神位　　　　　　　　　　　正神牌位

圖 5-40：溪州鄉菜公村福德宮、潮洋厝土地公廟神案以磁磚拼黏出
　　　　「福」字似有沿襲早期客家祭祀土地神的簡樸作法

二　重視風水，土地公廟後多築有化胎

在客裔族群的生活景觀方面，傳統客家人相當重視地理風水，包
括祠廟、陽宅與陰宅，通常在決定座落地點之前，多會聘請地理師勘
輿風水選擇寶地，然後再興建家宅，如：田尾鄉小紅毛社震聲堂李氏
祖厝在日昭和年間特別禮聘有名的堪輿師李紫峰看風水，其屋厝前方
原有小溪流過，後植有竹林，充分反映「前為鏡，後為屏」（背山面

圖 5-41：田尾鄉打廉廣福祠在〈廣福祠紀實〉上特意刻記堪輿師洪明信
　　　　的姓名與其地址

水，喻意「前有財，後有靠」）的基本風水觀。[10]其他又如田尾鄉打廉
村廣福祠於2002年落成時，當地信眾在勒記〈廣福祠紀實〉時更特意
將堪輿師洪明信的姓名與其地址刻記其上，從而可以發現客裔重視地
理風水的態度。

　　受到風水觀的影響，作為客家風水觀下的建造物——「化胎」在
彰化縣東南區客裔聚落的土地公廟處處可見，此一人文景觀特點異於
臨近周遭的福佬聚落的土地公廟。傳統客家建築後方以土填高的半月
形土堆名為「化胎」，有如房子的靠背，在風水上其有安穩的象徵，
同時也代表「有後」、「化育萬物」，藉以寄寓後代子嗣昌隆，希望子
孫綿延不絕。「化胎」就像一小山丘，讓住屋有個依靠，象徵家業穩
固、生生不息，是客家人極具特色的信俗景觀。通常「化胎」上會種
榕樹及其他吉祥樹，祠廟旁大都會種榕樹，一般都栽植於伯公廟正後

10 參見傅朝卿，《彰化縣重大意義歷史建築調查研究書》（彰化：彰化縣文化局，2005
　　年12月），頁3-188。

方「化胎」處，或是栽植於土地公廟廟旁。常見的伯公樹大多以榕樹、樟樹為主，藉樹木的繁茂來象徵生生不息的生機。

　　觀察彰化縣東南區客裔聚落的民宅雖然已未見化胎的設計，然而大多數的土地公廟仍保有「化胎」與「植樹」的客家傳統文化。主要有：

　　1. 溪州鄉岸角：岸角土地公廟後方築有略為高起的半月形土堆「化胎」，其上植有茂密的大樹，廟內土地公神尊正下方安置有極具客家民俗文化表徵的「土地龍神」香位。

圖 5-42：溪州鄉岸角土地神廟後方築有「化胎」，廟內土地公神尊下安
　　　　　置「土地龍神」香位

　　2. 北斗、溪州交界的溪底：北斗新生里福德祠為北斗、溪州溪底客裔的土地神廟，後方為略為高起的半月形土堆「化胎」，其外植有榕樹。

圖5-43：北斗鎮新生里福德祠後方為略為高起的「化胎」，其外植有
　　　　榕樹

　　3.田尾鄉曾厝崙：在土地公信仰方面，北曾村福寧宮為曾厝崙的
開庄廟，具有二百年以上的歷史，嘉慶12年（1807）大武郡社番通事
林玉春等人所立的給墾單字人有「福德爺香業」概指福寧宮的後方原
為一大型的半月形土堆「化胎」，其後北鎮村活動中心興建時才將土
堆剷平，部分土地作為活動中心用地，目前當地信眾利用盆栽環繞土
地公廟後，遙繫化胎之意。南曾村則在庄頭興建南曾村福德祠，據傳
分香自福寧宮，[11]福德祠後方為半月形土堆「化胎」，其上植有榕柏等
灌木。另，林厝（北曾村以及南曾村交界）於福德巷大樹下立一石碑
土地公。

11　北曾村村長鄭銅欣口述，2012年12月20日採訪。

圖 5-44：田尾鄉曾厝崙福寧宮後方原為一大型的「化胎」

圖 5-45：田尾鄉南曾村福德祠與後方為「化胎」

　　4.田尾鄉溪畔：位於公園路二段的福德宮為溪畔的開庄廟，具有上百年歷史。溪畔福德宮後方為高起的半月形土堆「化胎」，其外環植有灌木。化胎後植有兩棵榕樹。

圖 5-46：田尾鄉溪畔村福德宮後方為高起的「化胎」

5. 田尾鄉打簾：位於民生路一段300巷的廣福祠與公園路二段81巷的福德宮為打廉村的土地神信仰之據點，打簾村廣福祠廟後方築有高起的半月形土堆「化胎」，其外環植有灌木。

圖 5-47：田尾鄉打簾村廣福祠與後方為高起的「化胎」

6.田尾鄉柳樹湳：柳鳳村西緣的隆安宮亦是柳樹湳的信仰中心。柳樹湳隆安宮後方為高起的半月形土堆「化胎」，其上植有榕柏灌木。

圖 5-48：田尾鄉柳樹湳隆安宮與後方為高起的「化胎」

7.田尾鄉海豐崙：位於海豐村光榮巷的福德宮為海豐崙兩村的共同信仰。海豐崙福德宮後方為高起的半月形土堆「化胎」，其外環植有灌木。

圖 5-49：田尾鄉海豐崙福德宮後方為高起的「化胎」，其外環植有灌木

　　8.田尾鄉鎮平：在土地公信仰方面，北鎮村鎮福宮為鎮平的開庄廟之一，祭祀範圍包含北鎮、南鎮兩村，鎮福宮後方為略為高起的半月形土堆「化胎」，其上植有灌木。廟旁兩側植有喬木。另，鎮平西北側尚有一座福安宮土地公廟，鎮平福安宮後方為略為高起的半月形土堆「化胎」，其外環植有灌木。車路仔有安福宮土地公廟，安福宮後方為略為高起的半月形土堆「化胎」，其外環植有灌木，臨側植有一顆榕樹。

圖 5-50：田尾鄉鎮平福安宮與後方為略為高起的「化胎」

圖 5-51：田尾鄉鎮平車路仔安福宮與後方為略為高起的「化胎」

圖 5-52：田尾鄉鎮平鎮福宮後方為略為高起的「化胎」，其上植有灌木。廟旁兩側植有喬木

9. 田尾鄉厝仔：新生村福德祠為厝仔的信仰中心之一。厝仔福德祠後方雖無高起土丘化胎，然當地信眾以水泥圍起一半月形小圍牆，似取化胎之意。

圖 5-53：田尾鄉厝仔福德祠當信眾以水泥圍起一半月形小圍牆，似取化
胎之意

10.田尾鄉新厝仔：新興村興福宮為新厝仔的開庄廟。新厝仔興
福宮後方為略為高起的半月形土堆「化胎」，其外環植有灌木。

圖 5-54：田尾鄉新厝仔興福宮後方為略為高起的「化胎」

11. 田中鎮榕仔腳：榕仔腳土地公廟名為福峯宮，毗臨許氏宗祠。榕仔腳福峯宮土地公廟仍保有「化胎」與「植樹」的客家傳統文化，顯現重視風水的特點。

圖 5-55：田中鎮榕仔腳福峯宮土地公廟仍保有「化胎」與「植樹」的
　　　　特點

12. 田中鎮龍潭：龍潭本庄土地公廟福德宮位於田中鎮大社路一段216巷100弄內，左側植樹。另，庄頭外緣上有一座土地公廟龍懿宮，存有「化胎」與「植樹」的客家傳統文化之表徵。

圖 5-56：田中鎮龍潭龍懿宮存有「化　圖 5-57：田中鎮龍潭庄福德宮左
　　　　胎」與「植樹」的特點　　　　　　　側植樹

13. 溪州鄉水尾：水尾福德祠位於水尾庄外的入口處，福德祠後方為略為高起的半月形土堆「化胎」，其外環植有灌木。

圖 5-58：溪州鄉水尾福德祠後方為略為高起的「化胎」，其外環植有灌木

14. 溪州鄉三條圳：三條圳乾福宮位於三條圳庄外緣，乾福宮後方為略為高起的半月形土堆「化胎」，其外環與廟體左側植樹。

圖 5-59：溪州鄉三條圳乾福宮後方為略為高起的「化胎」，其外環與左側植樹

15. 溪州鄉外潮洋厝：在土地公信仰方面，外潮洋厝福德宮位於庄廟聖天宮廟前。外潮洋厝福德宮後方外環植有灌木。

圖 5-60：溪州鄉外潮洋厝德宮後方外環植有灌木

　　本文考察彰化縣東南區21個客裔聚落，發現岸角、溪底、曾厝崙、溪畔、打簾、柳樹湳、海豐崙、柳樹湳、鎮平、厝仔、新厝仔、榕仔腳、龍潭、三條圳、外潮洋厝等16個客裔聚落的土地公廟後仍多見有化胎或植樹的特點，顯然有別於周遭的福佬人聚落，成為彰化縣東南區客庄的重要文化表徵，在本區客家人福佬化的發展趨向中，更見客家人重視風水以及宗族血脈傳衍的特點。

三　土地神與大樹、石頭信仰的複合

　　在客家地區，至于田頭田尾的伯公，更為簡單，寄居在樹下，當然無塑像，連香爐也沒有，一樣受到崇拜。[12]早期居民在丘陵、田畝間運用自然地勢或隨手可取得的石塊，都可作為祭拜的對象，尤其是以立單一個石塊或三塊石塊居多，有些還會再以石板堆砌成頂，做為

---

12 本段引自數位台灣客家庄：https://archives.hakka.gov.tw/topic_detail.php?id=3，2019年9月搜尋。

伯公祭祀之神主。[13]在客家各地,「伯公」神廟、神壇、神位隨處可見。有些宮、廟奉祀有伯公偶像,但大部分僅有一塊石碑或木牌,或一張紅紙,或一塊石頭。更多的則連廟壇都沒有,乾脆就是幾塊石頭或一棵古樹。[14]立石、植樹、封土、擇木等更是漢人最早祭祀土地神的形態。

　　以石頭或古樹作為土地神祭祀之神主是客家信俗文化的特點,這種簡樸的祭祀形態在彰化縣東南區客裔聚落仍然可見。在客家庄土地神的祭祀空間中,伯公樹、大樹是很重要的表徵,甚至大樹就是土地神的神主,遙繫漢人早期以樹社為土地神的思維,從而客家人屢屢有將大樹崇拜與土地神祭祀複合的情形,在彰化縣東南區客裔聚落也可以發現這樣的現象,如田尾鄉鎮平西北側有一座福安宮土地公廟,廟旁植有一顆喬木,已被神格化而作為祭祀對象。

圖 5-61:鎮平福安宮廟旁植有一顆喬木,已被神格化而作為祭祀對象

13　本段引自數位台灣客家庄:https://archives.hakka.gov.tw/topic_detail.php?id=81,2019年9月搜尋。

14　〈客家人的伯公文化,一塊石頭,亦或一張紅紙〉:https://kknews.cc/agriculture/oo58kno.html,2019年9月搜尋。

　　另外，田尾鄉南曾村廣霖宮後方有棵百年芒果老樹、南曾村光復
路二段481巷的清朝大樹茄苳祖則被視為大樹公崇拜。田尾鄉新厝仔
庄廟聖玄宮前方、崁頭仔分別建有五營將爺祠受安宮與鎮安宮，興福
宮前方、聖玄宮前方以及鎮安宮旁的大樹立神祭祀大樹公，這些大樹
公崇拜也多蘊複合土地神祭祀的想像。這種將大樹視為是土地神主的
思維在彰化縣東南區客裔聚落仍然傳延，因此許多客裔聚落土地公廟
幾乎都有植樹或依附大樹而立的空間布局，諸如溪州鄉岸角土地公廟
化胎上大樹幾乎已然覆蓋整座土地公廟，但是信眾不會隨意修將之修
剪，樹靈猶如是土地神的延續。

圖 5-62：田尾鄉南曾村清　　　　圖 5-63：溪州鄉岸角土地公廟
　　　　朝茄苳大樹公

圖 5-64：田尾鄉新厝仔聖　　圖 5-65：田尾鄉新厝仔興福宮前方的大樹
　　　　　玄宮前方大樹公　　　　　　　信仰
　　　　　崇拜

　　除了將大樹與土地神複合外，立石為土地神更是客庄經常可見的
土地神祭祀型態，尤其是在一些簡陋村落，常見一棵大樹底下擺上石
頭來供奉伯公（土地神），如曾厝崙林厝則在大樹下立一顆石頭作為
福神崇拜。[15]此外，南鎮村石公祠以及鎮平范厝五營將軍廟的石頭公
也隱約內蘊土地崇拜的本質。在田尾鄉新厝仔崁頭仔鎮安宮旁亦有石
頭公祭祀，疑為土地公。

15　曾厝崙林厝林澄口述，2013年7月8日採訪。

圖 5-66：田尾鄉曾厝倫林厝大樹下的石碑土地公

圖 5-67：田尾鄉南鎮村石公祠　圖 5-68：田尾鄉鎮平范厝五營將軍廟
　　　　（受安宮對面）　　　　　　　　　（仁興巷）的石頭公

圖 5-69：田尾鄉崁頭仔鎮安宮與大樹公、石頭公信仰

　　大體而言，彰化縣東南區客裔族群在土地公（伯公）的祭祀與空間佈局尤其保存了客家遺風，不塑神像以及以木牌、石板神位來祭祀土地公，甚至複合大樹、石頭的祭祀型態頗具特點，這些祭祀型態相較於鄰近福佬人聚落更顯特色，從而也反映了彰化縣東南區客裔聚落存在的事實。

第六章

彰化縣東南區客裔聚落民俗祀神的特點

鸞堂恩主公信仰是客家二次移民彰南平原的文化表徵之一

　　彰化縣東南區客裔聚落的民間信仰是頗具特色的，饒平客、詔安
客以及北部二次移民陸續將原鄉信仰傳衍至彰化縣，並經由血緣、地
緣關係而傳播各地，雖然神明信仰多元，但隱然還是內蘊著客家文化
的習尚與特點，本章擬就彰化縣東南區客裔聚落的民俗信仰作一分析
歸納，從而闡述此等客裔傳衍神明信俗的歷史脈絡與區域性特點。

圖 6-1：三山國王信仰是客裔傳衍的原鄉信俗

第一節　彰化縣東南區客裔聚落的俗神信仰型態

　　彰化縣東南區客裔聚落的民俗信仰除了普遍的祖先祭祀與土地神崇拜外，各客裔聚落尚有庄廟的興築，地方文化表徵與人群往返交流頗多都繫於庄廟神明信仰而集結互動，由之開展各種客家文化的傳承。關於彰化縣東南區21個客裔聚落的庄廟與其主神，大致如下：

表 6-1：彰化縣東南區 21 個客裔聚落的庄廟與其主神

編號	聚落	行政區	庄廟	主神
1	曾厝崙	田尾鄉南曾村	曾厝崙廣霖宮	三山國王
		田尾鄉北曾村	曾厝崙肇天宮	玄天上帝
2	溪畔	田尾鄉溪畔村	溪畔朝天宮	媽祖，同祀三山國王
3	打廉	田尾鄉打簾村	打廉受武宮	玄天上帝
			打廉廣善堂	三恩主（關聖帝君、孚佑帝君、司命灶君）
4	柳樹湳	田尾鄉柳鳳村	柳樹湳鳳聖宮	媽祖
5	海豐崙	田尾鄉海豐村	海豐崙沛霖宮	三山國王
		田尾鄉陸豐村	陸豐天壽宮	媽祖
6	鎮平	田尾鄉南鎮村	鎮平鎮安宮	三山國王
		田尾鄉北鎮村		
7	厝仔	田尾鄉新生村	厝仔國聖宮	開臺聖王
8	新厝仔	田尾鄉新興村	新厝仔聖玄宮	媽祖、玄天上帝
9	小紅毛社	田尾鄉福田村	小紅毛社順天宮慎化堂	五恩主（關聖帝君、孚佑帝君、司命灶君、豁落靈官、精忠武穆王）
10	崁頂	田中鎮頂潭里	崁頂晉天宮	玄天上帝
11	榕仔腳	田中鎮中潭里	榕仔腳天峯寺	觀音佛祖

編號	聚落	行政區	庄廟	主神
12	龍潭	田中鎮龍潭里	龍潭龍門宮	媽祖
13	水尾	溪州鄉水尾村	水尾震威宮	鍾馗爺，同祀媽祖
14	外潮洋厝	溪州鄉三條村	外潮洋聖天宮	開臺聖王
15	三條圳	溪州鄉三圳村	三條圳三千宮	三山國王，同祀開臺聖王
		溪州鄉三條村	三條國聖宮	主祀阿彌陀佛，同祀開臺聖王、禹帝
16	菜公厝	溪州鄉菜公村	聖媽廟	聖媽
17	竹圍	溪州鄉張厝村	北聖天宮	主祀玄天上帝，同祀媽祖
18	新厝	溪州鄉菜公村		
19	潮洋厝	溪州鄉潮洋村	潮洋南天宮	關聖帝君
		溪州鄉張厝村		
20	岸角	溪州鄉成功村	岸角覆靈宮	三恩主（關聖帝君、孚佑帝君、司命灶君）
21	溪底	北斗鎮新生里	河壩底廣福宮	主祀玄天上帝，同祀媽祖
		溪州鄉西畔村	西畔萬聖宮	臨水夫人

資料來源：研究者整理。

　　承上表所記，彰化縣東南區客裔聚落庄廟主神以媽祖、玄天上帝、三山國王、開臺聖王以及鸞堂恩主公為多，其他尚有鍾馗爺、觀音媽、聖媽等。整體而言，彰化縣東南區客裔聚落的庄廟主神以玄天上帝最多，計有6座；其次為媽祖，計有5座；次之，三山國王計有4座；再次之，恩主公信仰計有3座，開臺聖王計有2座。至於各神明的信仰祠廟的分佈如下：

　　1. 玄天上帝：以玄天上帝為主神的庄頭廟計有曾厝崙（北曾村）肇天宮、打廉受武宮、竹圍（含新厝）北聖天宮、新厝仔聖玄宮、河壩底廣福宮、崁頂晉天宮等6座。

2. 媽祖：以媽祖為主神的庄頭廟計有龍潭龍門宮、溪畔朝天宮、陸豐天壽宮、柳樹湳鳳聖宮、新厝仔聖玄宮等5座。

3. 三山國王：以三山國王為主神的庄廟計有曾厝崙（南曾村）廣霖宮、鎮平鎮安宮、三條圳三千宮、海豐崙沛霖宮等4座，其他如溪畔村朝天宮、仁里村北玄宮也以三山國王為主要的同祀神。

4. 鸞堂恩主公信仰：以三恩主或五恩主為主神的庄頭廟計有打廉廣善堂、小紅毛社順天宮慎化堂、岸角覆靈宮等3座，另潮洋南天宮以關聖帝君為主神。

5. 開臺聖王：以開臺聖王為主神的庄頭廟計有厝仔國聖宮、外潮洋厝聖天宮等2座，其他如三條圳三千宮、三條國聖宮也以開臺聖王為主要的同祀神。

大致而言，彰化縣東南區客裔民俗信仰的外顯特點便是以媽祖、玄天上帝、三山國王、鸞堂恩主公、開臺聖王為主而建構地域性特點；此外，溪州鄉水尾鐘姓客裔所傳衍鍾馗爺信仰也頗具客家文化本色。整體而言，媽祖、三山國王、鍾馗爺信仰以原鄉文化傳衍為基底，鸞堂恩主公、開臺聖王為臺灣客裔在地的傳衍發展，至於在本區信仰頗盛的玄天上帝可以說是大陸原鄉以及臺灣在地文化的地緣交融而成就的。下文，將針對本區媽祖、玄天上帝、三山國王、鍾馗爺信仰以及鸞堂恩主公、開臺聖王等民間俗信展開說明。

第二節　閩粵流行的神明信仰之傳衍：媽祖信仰

媽祖信仰在明鄭時期隨著移民進入台灣本島，進入清治時期才逐漸在台灣各地拓衍開來，其發展路徑與漢人移墾路線相仿，大抵由港口向內陸、由台南府城往南北兩路、由台灣西部向東部，逐漸擴散至全台各地，至今全台已有數百餘座的媽祖廟，無論街廟、庄廟、角頭

廟莫不吸引信徒前來參詣。[1]明鄭以降，隨著閩粵住民移墾台灣的風潮漸興，護航女神──媽祖成為台灣先民渡越黑水溝（台灣海峽）的守護者，從而伴隨著移民的腳步逐漸在台灣落地生根，甚至成為台灣最興盛的信仰神祇，因而媽祖信仰在台灣各地的蘊發實與漢人拓墾的歷史相依相繫。[2]談及彰化縣東南區客裔聚落的媽祖信仰，主要以媽祖為主神的庄廟計有5座：

表 6-2：彰化縣東南區客裔聚落媽祖信仰的主要據點

序號	宮廟	創建年	香火緣起	信仰範圍
1	龍潭龍門宮	1818年	枋橋頭天門宮	龍潭庄，龍潭里第1-9鄰
2	溪畔朝天宮	1907年	北港朝天宮	田尾鄉溪畔村
3	陸豐天壽宮	1951年	湄州天后宮	田尾鄉陸豐村、海豐村1-12、15鄰
4	柳樹湳鳳聖宮	1983年	北港朝天宮	田尾鄉柳鳳村
5	新厝仔聖玄宮	2012年	枋橋頭天門宮	田尾鄉新興村

資料來源：研究者整理。

一 龍潭龍門宮[3]

龍潭庄廟龍門宮，龍門宮位於田中鎮龍潭里員集路三段729巷393弄85號，主祀天上聖母（媽祖），附祀神有神農大帝、孫臏、太平媽、孔子公、池府王爺、中壇元帥、註生娘娘、福德正神等。龍門宮信眾

---

1 謝瑞隆，《媽祖信仰故事研究──以中國沿海地區、台灣為主要考察範圍》（嘉義：中正大學中國文學系研究所博士論文，2015年），頁253。

2 謝瑞隆總編纂，《田中鎮志》（彰化縣田中鎮：彰化縣田中鎮公所，2014年12月），頁598。

3 參見謝瑞隆總編纂，《田中鎮志》，頁635-636。

圖6-2：龍門宮

以龍潭庄為主，包含龍潭里第1-9鄰，信仰圈擴及龍潭里全部。

　　關於龍門宮的歷史沿革，《台中州寺廟台帳》第六冊田中庄「天上聖母廟」項下記載，嘉慶23年（1818）左右天上聖母廟創建，其後歷經3、4次修建；大正元年（1912）九月因暴風雨而廟宇倒壞，大正6年（1917）興建宮廟迄今。[4]依據《台中州寺廟台帳》所記，當時廟身為13坪左右竹葺廟宇，規模簡陋，可能因此而未見《彰化縣志》載錄，當然創建年代晚於《彰化縣志》成書年代亦不無可能，此點今已難稽考，不過顯然此廟當創建於清季。

　　根據《台中州寺廟台帳》所記，本廟信徒遍及今員林、社頭、田中一帶，當屬72聯庄組織系統，其中田中庄包含大紅毛社、卓乃潭、田中央等地。根據〈龍門宮沿革記〉記載，本宮媽祖源於武東堡卓乃潭新興宮（據說創建於嘉慶2年），戊戌年水災（1898）新興宮沖毀，因而將新興宮內72庄開基媽祖迎請至本庄蕭清賜家宅奉祀。1963年3月湄洲聖母顯聖，乃於庄尾蕭萬來家宅設壇行乩辦事，此後聖母大顯神威，本里信徒乃發起籌建宮廟奉祀聖母，並於1969年2月破土興建宮廟，同年11月落成入火安座，宮名更改為龍門宮。

二　溪畔朝天宮

　　溪畔村庄廟為朝天宮，朝天宮位於田尾鄉溪畔村（巷）187弄45號，主神媽祖，分香自北港朝天宮，陪祀巾山國王、太子元帥。巾山

4　《台中州寺廟台帳》第八冊「田中庄——天上聖母廟」。

圖 6-3：溪畔朝天宮

國王分香自荷婆崙，原奉祀於民間爐主宅，1979年左右進駐朝天宮。

　　關於朝天宮的沿革，依據〈朝天宮沿革〉碑文記載，該宮於明治40年（1907）由笨港恭請天上聖母二媽神像回庄奉祀，在原址田尾庄打廉汀簾五之三番地（在今田尾鄉溪畔村中山路47號）興建竹葺廟宇，安奉神像以供庄民膜拜，為紀念神像緣由，廟名一直沿用「朝天宮」。[5]因神靈顯赫，參拜民眾日益增加，乃增奉了大媽、三媽暨諸神像。其後為了響應縱貫路拓寬，再者竹造廟宇已屆修繕，乃由地方仕紳發起籌建新宮，於1978年開工，1980年農曆11月18日入火安座，始為今日所見廟貌。

三　陸豐村天壽宮

圖 6-4：海豐崙天壽宮

　　海豐村、陸豐村等2村舊稱海豐崙，海豐村庄廟為沛霖宮，陸豐村庄廟為天壽宮，天壽宮位於田尾鄉陸豐村中正路三段45號，主祀媽祖，陪祀千里眼、順風耳。天壽宮的祭祀範圍以陸豐村為主，並包含海豐村。

5　〈朝天宮沿革〉碑文，1980年勒石。

關於天壽宮的沿革，依據
〈天壽宮重建紀念牌〉所記，乾
隆5年（1740）該庄先民蔡傳祖
渡臺攜來湄州香火，威靈顯赫；
乾隆10年（1745）蔡家乃雕塑金
身奉於廳堂，受萬民香火香煙。
某年紅旗反賊侵略，媽祖顯化成
人騎白馬出陣，趕退猛賊，安定
民心，嗣後眾弟子酬謝聖母恩

圖 6-5：天壽宮正殿神龕

澤，邱漢水等眾人乃發起建廟奉祀，經由海豐崙信徒捐獻，終於1951
年仲秋興建天壽宮廟宇，奉祀媽祖。[6]

四 柳樹湳鳳聖宮

圖 6-6：鳳聖宮臨時行宮

柳樹湳庄廟為鳳聖宮，鳳聖宮
位於田尾鄉柳鳳村民族路一段，主
祀媽祖，陪祀觀音佛祖、註生娘
娘、土地公等。

關於鳳聖宮的沿革，清代該庄
由笨港恭請天上聖母回庄奉祀，並
又陸續迎請北港媽祖、枋橋頭天門
宮媽祖回庄奉祀，媽祖神尊安奉於

爐主家。[7]迄於1983年，庄民集資興建集會所與廟宇，1樓為集會所，
2樓為媽祖廟，安奉媽祖聖像，廟名命為「鳳聖宮」。

---

6 參見〈天壽宮重建紀念牌〉。
7 鳳聖宮廟祝口述，2013年1月12日採訪。

　　2012年為配合民族路拓寬，舊廟拆遷並於民族路上搭設臨時行宮，並由地方仕紳發起籌建新宮，現正積極籌畫建廟事宜。

五　新厝仔聖玄宮

圖 6-7：新興集會所與聖玄宮

　　新厝仔（新興村）庄廟為聖玄宮。聖玄宮於田尾鄉新興路280號，主祀天上聖母（黑面大媽）、玄天上帝（大帝爺、二帝爺、三帝爺），陪祀神農大帝、福德正神、福乃夫人、太子元帥、千里眼將軍、順風耳將軍、虎爺將軍等。聖玄宮為新厝仔的庄廟，祭祀範圍包含新興村全部。

　　關於聖玄宮的歷史，聖玄宮天上聖母（黑面大媽）、玄天上帝原為爐主輪祀，媽祖在枋橋頭七十二庄天門宮屬於新興大媽爐。後地方倡議建廟，2012年12月入火安座。[8]

六　「枋橋頭七十二聯庄媽祖信仰系統」與「南瑤宮會媽會系統」

　　彰化縣東南區客裔聚落不少庄頭參與「枋橋頭七十二聯庄媽祖信仰系統」、「南瑤宮會媽會系統」，主要有：

8　新興村長李秋東口述，2013年7月16採訪。

圖 6-8：田尾鄉新興村聖玄宮參與枋橋頭七十二聯庄媽祖進香活動

（一）枋橋頭七十二聯庄媽祖信仰系統

　　觀看臺灣早期開發史，族群間的械鬥屢有所聞，在此歷史背景之下，武東保、武西保逐漸發展出七十二聯庄的防禦組織。關於七十二聯庄組織的形成時間，大部分的說法乃是道光年間永靖、社頭一帶的客家人與泉州人械鬥後，客家人乃結合漳州人以枋橋頭天門宮、永靖街永安宮為中心形成的聯庄組織。對應嘉慶3年（1798）「大武郡保街庄眾弟子公立」，可知天門宮由此逐漸擴展其信仰圈，得之於開發歷史背景所需，因此七十二聯庄組織也就順勢以其為中心，至於時間點當在同治以前。七十二庄分別隸屬九個媽會，行政區域涵蓋今日社頭鄉以及埔心鄉全部、永靖鄉以及田中鎮大部分、員林鎮以及田尾鄉一部分、大村鄉一庄、秀水鄉一庄、名間鄉一祭祀團體；至於住民則以客籍與漳州人為主，大抵漳州人集中於田中鎮以及社頭鄉東南部，客籍則分布於埔心鄉、永靖鄉、田尾鄉、員林鎮以及社頭鄉西北部。[9]大抵而言，彰化縣東南區客裔聚落參加「枋橋頭七十二聯庄媽祖信仰系統」，主要有[10]：

9　參見曾國慶，《彰化縣三山國王廟》（彰化市：彰化縣立文化中心，1997年），頁329、371。

10　參見謝瑞隆，〈聚落發展與其廟祀神明的信仰圈之變遷──以彰化縣媽祖信仰為例〉，《彰化文獻》第10期，2007年12月，頁96-97。

1. 開基祖媽：田中鎮坎頂庄。
2. 大媽：田尾鄉新興庄、鎮平。
3. 武西二媽：田尾鄉小紅毛社、曾厝崙庄。

（二）南瑤宮會媽會系統

除了「枋橋頭七十二聯庄媽祖信仰系統」外，彰化南瑤宮每年往笨港進香，由之蘊生了一些隨駕陣頭與媽祖會，從而納入其信仰圈的庄頭也就日益增多，現今南瑤宮信仰圈包含了濁水溪、大甲溪間漳州人與福佬客聚居的數百個庄頭，泉州人的聚落較為少見，其信仰圈大體是以十個媽祖會之會員所分布的區域為主體，範圍橫跨了彰化縣、臺中市、南投縣等中部縣市，堪稱是臺灣信仰圈所建構成的社群組織之最大者。[11]大抵而言，彰化縣東南區客裔聚落參加「南瑤宮會媽會系統」，主要有：[12]

1. 南瑤宮老四媽會關帝廳角：曾厝崙（田尾鄉南曾村、北曾村）、鎮平厝仔（田尾鄉新生村）、鎮平（田尾鄉南鎮村、北鎮村）、新興庄（田尾鄉新興村）。
2. 南瑤宮聖四媽會海豐崙角：海豐崙（田尾鄉海豐村）。
3. 南瑤宮聖四媽會打廉角：打廉（田尾鄉打簾村）、溪畔（田尾鄉溪畔村）、柳樹湳（田尾鄉柳鳳村）。

七　小結

彰化縣東南區客裔聚落除了龍潭龍門宮、溪畔朝天宮、陸豐天壽宮、柳樹湳鳳聖宮、新厝仔聖玄宮等5處媽祖信仰庄廟外，田尾鄉新

---

11 參見謝瑞隆，〈聚落發展與其廟祀神明的信仰圈之變遷──以彰化縣媽祖信仰為例〉，頁96-97。

12 參見林美容，〈彰化媽祖的信仰圈〉，《媽祖信仰與臺灣社會》，頁65-106。

厝仔、鎮平、小紅毛社、曾厝崙以及田中鎮崁頂等5個客裔聚落參與枋橋頭七十二聯庄媽祖信仰祭祀活動，田尾鄉曾厝崙、厝仔、鎮平、新厝仔、海豐崙、打廉、溪畔、柳樹湳等7個客裔聚落參與南瑤宮老四媽會或南瑤宮聖四媽會祭祀活動，可見媽祖信仰在田尾鄉、田中鎮客裔聚落的興盛景象。至於西螺溪北岸溪州鄉水尾庄廟震威宮、竹圍庄廟北聖天宮以及北斗鎮溪底庄廟廣福宮雖然主神是鍾馗、玄天上帝，但都以媽祖作為相當重要的同祀神。整體而言，媽祖在彰化縣東南區客裔聚落可以說是最普遍的信仰，清中葉吳子光《台灣紀事》載：「閩、粵各有土俗，自寓臺後又別成異俗。各立私廟，如漳有開漳聖王、泉有龍山寺，潮有三山國王之類；獨天妃廟，無市肆無之，幾合閩、粵為一家焉。」[13]在客裔住民的心目中，媽祖的信仰幾乎是閩粵人共同的精神象徵，客家人對媽祖的崇拜並不輸給三山國王等饒富客家文化表徵的俗神。[14]

第三節　客裔原鄉地緣性信仰：三山國王信仰

客家地區所謂「福主」，多是指地方保護神；一般的看法是，客家地區的大福主在贛南是許真君，閩南是定光古佛，粵東是三山國王，或可成為「三大福主」。[15]「三山國王」指巾山、明山、獨山三座山神，是地方性鄉土守護神，祖廟在中國廣東潮州府揭陽縣霖田都巾山之麓（今揭西縣河婆鎮）。三山國王是粵東地區潮人與客家人等民系共同信仰的神祇，是這一地區的地域神和福主，他們早已從山之神變

---

13 吳子光，《台灣紀事》（台北：台灣大通書局，1959年），頁98。

14 參見郭伶芬，〈清代彰化平原福客關係與社會變遷之研究——以福佬客的形成為線索〉，《臺灣人文生態研究》第4卷第2期，2002年7月。

15 參見林曉平，《客家民間信仰與民俗文化》（北京：中國社會科學出版社，2012年12月），頁4。

為了地域之神；[16]元代劉希孟撰〈潮州路明貺三山國王廟記〉：「潮之三邑，梅惠二州，在在有祠，歲時走集，莫敢遑寧。」[17]反映宋元时期的三山國王信仰流傳範圍已經遍及潮州三邑、梅州、惠州等地區。

　　大抵而言，三山國王信仰，主要活耀於廣東東部福佬話和客家話的人群之中，其地域範圍包括整個韓江流域、韓江三角洲以西的沿海丘陵地區。以清代中後期的行政區域而言，大致包括潮州府、嘉應州的全部和惠州府的海豐、陸豐二縣，而以潮州府的祭祀最為普遍。福建汀州府和廣東惠東、東莞、新安（包括香港）等縣也有零星的三山國王廟。[18]

　　三山國王是包括佘族、福佬、客家在內的粵東民眾共同的守護神，就臺灣和東南亞地區而言，三山國王則是粵東福佬和客家移民共同的守護神。[19]三山國王的信仰圈最初是在粵東地區，為潮人與客家人所共同祭祀；後來，隨著客家人向海外的播遷，三山國王廟及其信仰也擴散到海外，尤其是台灣地區；令人驚訝的是，台灣的三山國王廟的數量竟與大陸不相上下。[20]潮州、饒平等地區也正是三山國王最顯赫的信仰區，因此，彰化區的三山國王廟會有34處之多，也就無足為奇了。[21]彰化平原是臺灣客裔重要的分佈地區之一，近幾年來專家研究者頗多認為彰化客家聚落存在最顯著的特徵就是「三山國王廟」，三山國王與客家族群來臺開墾史之間有著密不可分的關聯，也是客家人的守護神。現今，彰化縣東南區客裔聚落三山國王信仰的主要據點有：

---

16 參見林曉平，《客家民間信仰與民俗文化》，頁21。

17 元・劉希孟，〈潮州路明貺三山國王廟記〉收於明代《永樂大典》〈十三蕭・潮字・潮州府〉5345/18a-19b。

18 陳春聲，〈正統性、地方化與文化的創制──潮州民間神信仰的象徵與歷史意義〉，《史學月刊》，2001年第1期，頁124。

19 謝重光，〈三山國王信仰考略〉，《世界宗教研究》1996年第2期。

20 參見林曉平，《客家民間信仰與民俗文化》，頁23。

21 羅肇錦，《臺灣客家族群史・語言篇》（南投市：臺灣省文獻委員會，2000年），頁115。

表 6-2：彰化縣東南區客裔聚落三山國王信仰的主要據點

序號	宮廟	創建年	香火緣起	信仰範圍
1	三條圳三千宮	1818年	大陸廣東省潮州揭西縣河婆鎮霖田祖廟	原為溪州鄉三條圳庄（三圳村及三條村），現限於三圳村
2	海豐崙沛霖宮	1889年	沛霖宮為溪湖霖肇宮「三王角」的信仰中心	田尾鄉海豐、陸豐、柳鳳、永靖鄉竹子、福興四芳、崙美等村
3	鎮平鎮安宮	1962年	大陸廣東省潮州揭陽縣霖田村南鳳宮	田尾鄉北鎮、南鎮村
4	曾厝崙廣霖宮	1983年	大陸	田尾鄉南曾村、北曾村第1-3鄰
＊	溪畔村朝天宮	1907年	溪湖鎮荷婆崙霖肇宮	田尾鄉溪畔村主祀媽祖，附祀三山國王
＊	仁里村北玄宮	1948年	海豐崙沛霖宮	田尾鄉仁里村主祀玄天上帝，附祀三山國王

資料來源：研究者整理

一　三條圳三千宮

　　三條圳包含現今三條村、三圳村等二村，三條圳庄廟為三千宮，位於溪洲鄉三圳村庄內巷47號，主神三山國王，三千宮祭祀範圍除了三條、三圳兩村之外，溪厝村廣東巷的客家人亦參與祭祀。[22]

　　關於三千宮的沿革，依〈三條圳三千宮沿革誌〉碑記所載，嘉慶年間，公館望族播遷來台在此廣為墾殖，攜帶三山國王及石頭公香火奉祀。於嘉慶戊寅年（1818）塑像建廟供奉，名為「王宮」，歷經數

---

22 洪長源，《溪州鄉客家地圖》（彰化溪州：彰化縣溪州鄉公所，2005年11月），頁219。

圖 6-9：三條圳三千宮

番重修，至1986年重建，1988年完成，並更名為「三千宮」。[23] 由於此地之張廖家族與西螺、崙背、二崙之張廖家族係同一支，經訪談三圳村的廖春風、廖吉雄等，「公館」應是指西螺鎮的公館。[24]

該宮參加「台灣三山國王宮廟聯誼會」，並每年與友宮聯誼，曾於1989-1991年組團到大陸霖田祖廟進香。

二　海豐崙沛霖宮

圖 6-10：海豐崙沛霖宮

海豐崙包含現今海豐村、陸豐村等二村，海豐村庄廟為沛霖宮，沛霖宮的祭祀人群除了海豐村外，並納入田尾鄉陸豐村、柳鳳村以及永靖鄉竹子、羅厝、四芳、福興、崙美等。沛霖宮位於田尾鄉海豐村中正路三段271號，主祀三山國王，並以三山獨山國王為主神，俗稱「三王廟」或「王爺廟」，陪祀五穀王、玄天上帝、池府王爺、中壇元帥、土地公等。

沛霖宮為荷婆崙三王角角頭廟，於光緒已丑年（1889年）建宮，轄有田尾鄉的海豐崙（含海豐、陸豐兩村）、柳鳳村以及永靖鄉的竹

23 〈三條圳三千宮沿革誌〉。

24 洪長源，《溪州鄉客家地圖》，頁219。

子、四芳、崙美以及埔心鄉的羅厝村，共計三鄉8村，沛霖宮與慈雲寺、陸豐村天壽宮等3庄廟的義務性信仰圈主要包含海豐、陸豐兩村，並以沛霖宮為主體收丁錢；不過，2011年兩村協議陸豐村以天壽宮為庄廟，海豐村以沛霖宮為庄廟，各自收丁錢。[25]

關於沛霖宮的沿革，依〈沛霖宮重建緣起碑文〉：「……本宮廟地由現任主委邱昭明先生令祖父邱魏財公捐獻，於光緒己丑年建宮，名曰沛霖宮，取廣東『霖』田祖廟……移此『沛然』矗立建『宮』之意。當時雖以土埆建築，但規模堂皇，歷四〇年以不堪風削雨倒，於是由邱漢水、林培源先生等發起改建，於歲次戊辰年完成磚瓦建築，迄今六〇年，再現破舊。……本次改建承蒙轄內海豐、陸豐、竹子、羅厝、四芳、福興、崙美、柳鳳等村首事發起，出外事業成功種弟子及熱心善信，風起雲湧響應……於歲次丁卯年十月開工，至本月八月完工，凡三年間完成主體工程……總工程費一九九六萬六八〇〇元正。民國七十九年農曆十一月十三日」[26]從而可以推知三王原應奉祀於爐主宅，明治34年（1901）倡議建廟，翌年竣工；昭和3年（1928）改建為磚瓦結構，1990年重建新廟至今，新廟建坪200坪餘，南式宮殿建築，含三川門、中庭、正，並隔兩邊廂房。

三　鎮平鎮安宮

北鎮村、南鎮村等2村舊稱鎮平，鎮平庄廟為鎮安宮，鎮安宮的祭祀人群除了北鎮村、南鎮村外，並納入新興村9-10鄰。鎮安宮位於北鎮村平生巷1號，主神三山國王之大二三王，分香自大陸廣東南鳳

---

25 海豐社區發展協會理事長吳永棋口述，2013年2月12日採訪。另海豐村13、14、16鄰等3鄰未參加，第13、14鄰田中央仔因信奉媽祖在戰後發生口角退出，第16鄰溪底九號仔移民村住民信奉帝爺自始未參加。

26 〈重修沛霖宮紀念碑文〉，1928年立。

圖 6-11：鎮平鎮安宮

宮；陪祀媽祖、濟公、太子元帥等。

關於鎮平鎮安宮的歷史，依〈鎮平鎮安宮沿革〉所載，早年詹、范氏等先輩自大陸廣東省揭陽縣霖田村南鳳宮，恭迎三山國王金身三尊，自鹿港登陸來本村供奉；初無廟宇，僅組成三個王爺會，各會員每年輪流當爐主，供奉在爐主廳堂。民國51年2月初旬，適有熱心大德劉加乙、曾清元、蕭本、游如琴等人，提議振興王爺忠義精神，以護國保鄉里之情與村民同心協力在曾府，擇用八台轎，關一個多月，終於聖駕顯靈，任用陳順（阿電）為巾山國王乩童，並在曾清元廳堂設壇救世，給善男信女稟問，解決疑難諸問題，當時堂號為鎮安堂，首任堂主曾清元。斯時遐邇眾善信紛擁而至，鎮平王爺公威名大顯神通，慈心廣被，聲譽遠播，香火鼎盛，各地紛紛來廟求取令旗或再塑金駕請回供奉。民國53年建廟完成，取名鎮安宮。[27]

四　曾厝崙廣霖宮

北曾村、南曾村等2村舊稱曾厝崙，南曾村庄廟為廣霖宮，北曾村庄廟為肇天宮，廣霖宮的祭祀人群除了南曾村外，並納入北曾村林厝。廣霖宮位於田尾鄉南曾村福德巷46號，主祀三山國王，陪祀五穀王、太子爺、土地公、西秦王爺等。該宮祭祀範圍有南曾村全村及北曾村南邊第1-3鄰，現在北曾村第3鄰已日漸脫離，該宮對外均稱「曾厝崙廣霖宮」。

---

27 〈鎮平鎮安宮沿革〉碑文，1962年立。

關於廣霖宮沿革，依宮內碑記：「建宮概略，本庄廣霖宮主神三山國王（大王），自隨先民播遷來臺，經歷數百年，而後有本庄林氏與黃氏信士先後供奉二、三王，經蒙聖示同宮承受香火……信徒遍佈全省各地，每屆廟會熱鬧非凡……歲次癸亥……奉聖喻原地興建新宮……」1983

圖 6-12：南曾村廣霖宮

年，廣霖宮由私人廳堂改建為公廟，本廟地約600坪，廟基約30坪，另建辦公室、廟埕、牌樓等。廟地現仍為邱姓公地，廟後仍有一邱姓公廳河南堂，即邱姓公廳與本公共用廟地。相傳該宮大王原係設在本址邱家公廳內，有大王金尊一尊，係由來臺祖邱信自大陸帶來，故大王的年代大概落於乾隆末以至於嘉慶年間。二王、三王係後來將林、黃家的私宅神合併共祀的。[28]

　　廣霖宮曾前往溪湖霖肇宮進香，每次進香多於農曆2月24日下午到荷婆崙，翌晨5至7時交香回駕並遶境庄內。

五　溪畔朝天宮──副祀巾山國王

　　溪畔村庄廟為朝天宮，朝天宮位於田尾鄉溪畔村（巷）187弄45號，主神媽祖，分香自北港朝天宮，副祀巾山國王、太子元帥。朝天宮巾山國王分香自荷婆崙，原奉祀於民間爐主宅，民國68年左右進駐朝天宮。朝天宮王爺，原是村內四個會份在拜的，此四會份是王爺在

---

28 參見曾慶國，《彰化縣三山國王廟──客家與福佬客的故事》（台北：臺灣書房，2011年），頁243-244。

本村開基的四戶，均姓陳，以會份成員父輩即已參加來推算，當在百年以上，分香自荷婆崙。因此也到荷婆崙進香，而以往荷婆崙王爺遶境，均到本村來。

六　三十張犁北玄宮 —— 副祀獨山國王

北玄宮的信仰群眾包含舊屬三十張犁，包含仁里村、新厝村、溪頂村等，北玄宮位於田尾鄉仁里村中庄巷1號，主祀玄天上帝，陪祀觀音佛祖、天上聖母、三山國王（獨山國王）等。

1948年庄內住民乃研議建廟以永久供奉上帝爺，其後獲得彭文祥提供一部分的私有地併同國有地，於是由上帝爺擇定方位，旋即於庄頭闢建庄廟，並以玄天上帝為主神，宮名命為「北玄宮」，成為三十張犁居民最重要的信仰中心。北玄宮廟內正殿右側神龕奉祀獨山國王，三山國王乃是客家人的地方守護神，因此奉祀三山國王也就是意味著這個聚落應該有客家人的存在。果不其然，自古以來三十張犁的望族彭氏就是客家人，他們曾經在三十張犁發展過程中扮演著極為重要的角色，從而或多或少也影響著這個聚落的人文發展，像是庄內獨山國王的祭祀顯然就是繫於彭氏而來。相傳清治時期以來，三十張犁住民在彭氏的主導下也參與隔壁庄頭海豐崙獨山國王的祭祀，並與海豐崙、崙仔尾、柳鳳、竹仔腳、福興庄、四塊厝、羅厝、崙美等村庄共同奉祀海豐崙的獨山國王，但是三十張犁的福佬人對於祭祀海豐崙獨山國王的熱情始終不若客家人，因此往昔地方戲稱海豐崙獨山國王的信仰圈僅有七庄半，其中三十張犁僅能算是半庄而已。或許三十張犁的獨山國王信仰乃由彭氏勉強撐起，因此這股信仰與客家庄的聯繫也就難以維持，加上三十張犁福佬人對於海豐崙獨山國王巡境竟然沒有涵蓋三十張犁而多有微詞，所以明治34年（1901）三十張犁庄民便以「有出錢，無抬轎（同樣出錢資助祭祀活動，卻沒有蒞庄巡境）」

為由而退出海豐崙沛霖宮三山國王廟的建廟工程，僅有彭氏一族參加，日後三十張犁庄民更是由沛霖宮奉迎獨山國王神尊而自行祭祀，於焉脫離沛霖宮三山國王廟的信仰圈。[29]

七　小結

彰化縣東南區客裔聚落除了三條圳三千宮、海豐崙沛霖宮、鎮平鎮安宮、曾厝崙廣霖宮等4處外，溪畔庄廟朝天宮、三十張犁彭姓客裔也引領庄廟北玄宮以三山國王為主要的同祀神。

此外，田尾鄉內不少的庄頭也參與「肇霖宮4鄉鎮21村里聯庄信仰圈系統」，其中海豐崙沛霖宮為溪湖霖肇宮「三王角」的信仰中心，其轄區包括了田尾鄉海豐、陸豐、柳鳳等村。現今，田尾鄉內共有三村參加「肇霖宮4鄉鎮21村里聯庄信仰圈系統」，經由聯庄信仰圈的集結，海豐崙、柳樹湳客裔與鄰近的永靖鄉客裔產生了鏈結。[30]

整體而言，三山國王並非僅屬於客籍的信仰，祂們是是粵東地方的守護神，潮汕現存的三山國王廟起碼有200座以上，可以說是潮州人及漳州南部沿海地區的普遍信仰神祉，從而彰化縣東南區客裔的詔安客、饒平客也將此神明信仰從原鄉拓衍至彰雲平原。

---

29 仁里村長洪元振口述，2005年12月採訪。
30 參見曾慶國，〈三山國王霖肇宮的信仰與聚落人文發展〉，《彰化文獻》第10期，2007年12月，頁109-115。

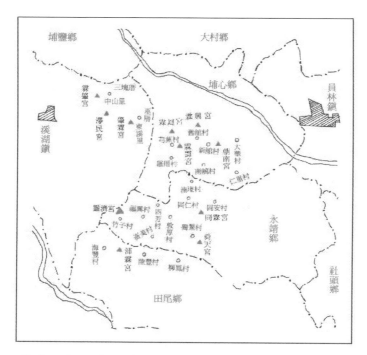

圖 6-13：肇霖宮祭祀單位（資料來源：曾慶國，〈三山國王霖肇宮的信
　　　　仰與聚落人文發展〉）

第四節　客裔原鄉到在地傳衍：玄天上帝

　　玄天上帝在明朝被視為鎮邦護國之神、降妖伏魔之神、戰神，因
此官方興建了許多的玄天上帝廟，其中又以湖北武當山真武廟最為著
名，廣東珠江三角洲一帶、閩南、台灣地區信仰頗盛。帝爺公的信仰
也是台灣頗為興盛的民間信仰，彰化縣由於毗鄰全台香火鼎盛的松柏
嶺受天宮，縣內的帝爺信仰也頗為興盛。[31]彰化縣客裔未必都崇祀三
山國王，不少客裔的信仰為媽祖、玄天上帝或其他的神明。現今，彰
化縣東南區客裔聚落玄天上帝信仰的主要據點有：

31　參見謝瑞隆總編纂，《田中鎮志》，頁599。

表 6-3：彰化縣東南區客裔聚落玄天上帝信仰的主要據點

序號	宮廟	創建年	香火緣起	信仰範圍
1	竹圍北聖天宮	清代	武當山紫霄宮	溪州鄉竹圍、新厝
2	打廉受武宮	清代		田尾鄉打廉
3	崁頂晉天宮	1925年	松柏嶺受天宮	田中鎮崁頂
4	河壩底廣福宮	1941年	松柏嶺受天宮	北斗鎮新生里以及溪州鄉廣二巷一帶
5	曾厝崙肇天宮	1955年	松柏嶺受天宮	田尾鄉北曾村
6	新厝仔聖玄宮	2012年		田尾鄉新興村

資料來源：研究者整理。

一　竹圍北聖天宮

圖 6-14：竹圍北聖天宮

北聖天宮位於溪州鄉菜公村民生路一段408號，主祀玄天上帝，附祀神天上聖母、中壇元帥、觀世音菩薩等。北聖天宮的祭祀人群大抵包含竹圍（溪州鄉張厝村）、新厝（溪州鄉菜公村）。

關於北聖天宮的歷史，傳聞西元1637年，先民林世寬自大陸原鄉攜武當山八寸玄天二帝蓋公廟（湳島帝爺廟）安奉於湳島庄後，明治31年（1898年）發生大洪水各地洪水氾濫，舊濁水溪（東螺溪）改道，使得湳島庄遭洪水不斷沖刷，只剩目前的菜公村竹圍溪埔，當時神明由筆生陳知胚向東南搬遷，就是現在的竹圍，由陳家人暫時安

奉於陳家。西元1947年庄中長老黃丁放、廖崇、鐘天數徐斌榮等人提議興建竹造廟宇，而由三戶黃姓村民捐地興建竹造廟宇。1949年、1976年、1979年、2009年皆有修建。[32]

關於「北聖天宮」供奉的是玄天上帝與媽祖，傳說是南投縣名間鄉松柏坑「受天宮」的玄天上帝原是這裡的守護神，有一次大水災，村莊與廟都毀了，有村民帶著神像離開，輾轉到了松柏坑，因出現一些靈異傳說，當地居民於是建廟奉祀，目前成全省聞名香火鼎盛的廟宇之一。[33]

二　打簾受武宮

圖 6-15：打廉受武宮

打簾村舊稱打簾，庄廟為受武宮。受武宮位於田尾鄉打簾村民生路，主祀玄天上帝，陪祀觀音佛祖、中壇元帥、福德正神等，該宮大帝爺、二帝爺、三帝爺神像個個騎馬執旗，頗具特色。受武宮的祭祀人群以打簾村為主。分香廟有埔心許厝武興堂、埔心大溝尾武聖堂、溪湖真武堂、永靖關帝廳受清宮等。

關於受武宮的歷史可溯自清代，其時村庄已奉祀天上帝，蓋居民生性純樸，起居定時，對信仰極為虔誠，時有村民雕塑金身，將玄天

32 參見文化資源地理資訊系統——菜公村北聖天宮：http://crgis.rchss.sinica.edu.tw/temples/ChanghuaCounty/shijou/0726013-BSTG，2012年8月24日 楊連泉、林琮輝之田野調查。

33 邱彥貴等編撰，《彰化縣客家族群調查》（彰化：彰化縣文化局，2005年8月），頁153。

上帝安座於廳堂，後靈蹟常顯，信眾逐漸信奉。日人治臺，村民私下頂禮膜拜。戰後，信徒大為增加，民堂不敷使用，村民倡議，搭草堂以奉之，利便信眾之膜拜。1964年，因感堂地狹小往來擁塞，有心之士商諮釀金募款，建廟宇正式祭拜，並將以往草屋遷移至現址。兩年後，正殿築成，1983年，再改建兩旁鐘鼓樓，益顯雄偉壯觀。

三　崁頂晉天宮[34]

圖6-16：崁頂晉天宮

晉天宮位於田中鎮頂潭里崁頂路153號，主祀玄天上帝，附祀神地藏王菩薩、國姓爺、蕭府大帝、康元帥、趙元帥、李元帥、土地公婆、中壇元帥等。祭祀人群大抵包含頂潭里全部，庄內居民以蕭姓為多。

關於晉天宮的歷史沿革，根據碑文〈晉天宮沿革〉，緣起日治時田中街長蕭敦仁先生母親身體欠安，於日大正14年（1925）8月15日迎請松柏坑「受天宮」二帝來治病之故，治癒後二帝指示「應建小廟奉祀三尊草製將軍爺鎮守」，並命名「將爺廟」。1956年正月改奉康、趙元帥並改為「普天廷」，時隔9年因康、趙元帥神通廣大、救人無數，信眾日增，庄民感廟宇過於狹小，因於1965年8月開會決議改建新廟，1969年成立重建委員會，1971年元月動土，同年10月28日安座入火，並雕刻赤水北天宮三帝為鎮殿，更名為「晉天宮」。

---

34 參見謝瑞隆總編纂，《田中鎮志》，頁633。

四　河壩底廣福宮

圖 6-17：河壩底廣福宮

　　河壩底廣福宮位於彰化縣北斗鎮新生里興農路1段497巷140號，主祀玄天上帝，配祀三太子爺、伯公等。本廟為信徒以北斗鎮新生里為主，祭祀人群包括新生里1-6、11-12鄰以及溪州鄉西畔廣二巷一帶的民眾。

　　關於廣福宮的歷史，河壩底位於東螺溪北側，原為河床沙洲地，日治時期北部客家人群陸續移入，廣福宮創建於日昭和16年（1941），初為竹管建築，1961年時重新翻修為磚瓦建築。[35]

五　曾厝崙肇天宮

圖 6-18：曾厝崙肇天宮

　　北曾村、南曾村等2村舊稱曾厝崙，北曾村庄廟為肇天宮，肇天宮的祭祀人群則涵蓋整個北曾村。肇天宮位於田尾鄉北曾村福德巷547號，主祀玄天上帝，陪祀觀音佛祖、關聖帝君、太子爺、土地公、註生娘娘等。

　　關於清朝末年鄭姓祖先渡海來臺。居住於曾厝崙福德巷，由竹管泥土建造的四合院，很虔誠將隨

---

35 數位台灣客庄數位典藏：https://archives.hakka.gov.tw/category_detail.php?id=NH1708
　0219110093，2019年9月搜尋，2011年羅亭雅、林晏伊之田野調查。

身由漳洲帶來北極玄天上帝神尊和祖先牌位供奉神明廳，早晚膜拜祈
求日子平安順遂，傳說「戊戌」年（1898），鄭家帝爺公的香爐忽然
滲出水滴，覺得事出有因而急告村民，大家猜測一定跟洪水有關，結
果發生了有史以來最嚴重的大水災，因村民有所防患損失不多，此後
鄭家「帝爺公」神壇就像一間小廟。1949年，鄭根苡、鄭子江、鄭船
及地方仕紳善信大德發動勸募，建宮工程於1955年竣工，帝爺公並降
鸞諭示宮名為肇天宮。

　　關於曾厝崙肇天宮，有一說為：曾厝崙肇天宮原址為當地鄭姓家
族之公廳，鄭氏祖先在一次水患發生後拾得一尊玄帝神像，供奉於廳
內，後因日益靈驗而逐漸為庄民所共同敬拜，進而由鄭氏族人獻地而
建宮祭祀，後扶乩得知該神像乃來自松柏坑受天宮二上帝之故，所以
至今仍不定期往松柏嶺謁祖進香。[36]

六　新厝仔聖玄宮

　　新厝仔（新興村）庄廟為聖玄宮。聖玄宮於田尾鄉新興路280
號，主祀天上聖母（黑面大媽）、玄天上帝（大帝爺、二帝爺、三帝
爺），祭祀範圍包含新興村全部。關於聖玄宮的歷史，聖玄宮玄天上
帝原為爐主輪祀，後地方倡議建廟，2012年12月入火安座。[37]

---

36 田尾鄉肇天宮粉絲專頁：https://www.facebook.com/%E7%94%B0%E5%B0%BE%
E9%84%89%E8%82%87%E5%A4%A9%E5%AE%AE-854246601388383/，2019年9月
搜尋。

37 田尾鄉新興村長李秋東口述，2013年7月16採訪。

七 小結

　　玄天上帝信仰在廣東、福建、台灣、香港、澳門等地頗為興盛發展，考之彰化縣東南區21個客裔聚落，計有曾厝崙、新厝仔、竹圍、新厝、打廉、崁頂以及北斗溪州交界的溪底等7個客庄以玄天上帝為主要信仰神祇，可見玄天上帝信仰也是彰化縣東南區客裔信俗文化的表徵之一。

　　玄天上帝信仰得以在彰化縣東南區客裔聚落順勢發展主要原因有二，其一是玄天上帝信仰在客裔的大陸原鄉即已所在多有，許多客裔先祖對玄天上帝神明並不陌生，部分玄天上帝廟甚至傳為該庄先祖攜帝爺香火傳衍而來，如竹圍北聖天宮、曾厝崙肇天宮都有此說。其二是彰化縣東南區客裔聚落毗鄰台灣玄天上帝信仰最重要的聖地──南投縣民間鄉松柏嶺受天宮，或許交融大陸原鄉生活記憶以及台灣居住地毗鄰松柏嶺受天宮的地緣關係，許多客裔紛紛奉玄天上帝為庄廟主神，如崁頂晉天宮、曾厝崙肇天宮、河壩底廣福宮的香火緣起皆有繫於松柏嶺受天宮而來的說法，即使是宣稱香火緣起武當山紫霄宮的竹圍北聖天宮也都有若干傳說干繫著松柏嶺受天宮。或許可以這樣認為，彰化縣東南區一些客裔聚落存在著──玄天上帝信仰經由客裔原鄉到台灣在地傳衍。

　　郭伶芬〈從三山國王到玄天上帝：彰化福佬客信仰之觀察〉指出彰化縣福佬客的信仰有從三山國王信仰向媽祖信仰、玄天上帝信仰發展的趨勢，因而玄天上帝信仰也成為彰化縣客裔的信對象仰之一。[38]整體而言，彰化縣東南區客裔除了伯公信仰、三山國王信仰、媽祖信仰之外，受到松柏嶺受天宮帝爺信仰的地緣影響，許多客裔庄頭出現

---

38 參見郭伶芬，〈從三山國王到玄天上帝：彰化福佬客信仰之觀察〉，《彰化文獻》第
　　10期，2007年12月，頁44。

了以玄天上帝作為主祀神的發展趨向，成為彰化縣東南區客裔聚落信仰的特點之一。

第五節　客裔原鄉血緣性信仰：鍾馗爺信仰

「鍾馗」是華人民間信仰中著名的驅邪神祇，驅鬼辟邪也成為俗眾對鍾馗最淺簡的認識，因此又稱之為「驅魔真君」、「驅魔帝君」，並與伏魔大帝關聖帝君、蕩魔天尊真武帝君、與驅魔真君鍾馗帝君，合稱為三伏魔帝君。在台灣民間信仰中，頗多以「跳鍾馗」儀式來驅除邪魔，儀式中常由道士扮成鍾馗並手持寶劍比劃驅除鬼祟。整體而言，「鍾馗」俗神的神職較顯單一，以捉鬼除妖為主軸，因此民間較少以其為庄廟主神。然而觀察彰化縣東南區21個客裔聚落的庄廟信仰，卻發現一座相當罕見以鍾馗爺為主神的祠廟——溪州鄉水尾震威宮，此信仰發展可視為客家重視祭祖的延伸而來。

溪州鄉水尾當地居民以鐘姓為主，水尾「鐘」姓與西螺地區的「鍾」姓族人同源，他們頗多奉祀「鍾馗」，「鍾馗」信仰對鐘（鍾）姓族人來說亦祖亦神，神由祖衍化而來，很能體現客家人「祖重於神」的民俗心理，這樣的民俗現象在客家地區並不少見。林曉平《客家民間信仰與民俗文化》指出客家人的祖先崇拜與神明崇拜兩者並行不悖，在其精神生活中各占據重要的位置，同時指出兩者之間關係還出現了一些值得探討的現象：1.有的地方保護神是客家祖先神後來轉化成的，2.祖先神明融為一體，尤其是與道教神融為一起；3.祭祀祠堂變為祭神祠廟。[39]林曉平進一步以江西寧都縣洛口鄉洛口村盛行的朱公信仰為例，提出朱公為當地的開基者，他的三個兒女又是洛口黃、楊、丘三姓的始祖母，所以，當地黃、楊、丘三姓都把朱公當作

39　參見林曉平，《客家民間信仰與民俗文化》，頁113-115。

祖先來崇拜，這種祖先神的的特點是，其功能都被放大，從只管保佑本宗族的子孫繁衍、昌盛的事務，到兼管一地域的種種事宜，這種祖先神就從保護某一宗族的族神，成為保護某一地域各宗族的共神，可說是「升格版」的祖先神。[40]

考察溪州鄉水尾震威宮鍾馗爺信仰，也符合林曉平指出的現象：祖先神明融為一體，祭祀祠堂變為祭神祠廟。下述針對震威宮的歷史源流與信仰發展略作探討，以見客家信俗文化的內蘊。

震威宮為水尾庄廟，位於溪州鄉水尾村村東路1巷9號。震威宮主祀伏魔大帝——鍾馗爺，陪祀天上聖母、福德正神、文德真君、武德真君、玄天上帝、佛祖等。

關於水尾震威宮的歷史，依震威宮〈緣革碑〉所載，

> 伏魔大帝唐代之賢臣生平愛國愛民，且博岐黃之學。……清代乾隆年間惟我列祖列宗遠從福建省詔安縣三都港頭鄉遷居來台，恭奉聖像護祐平安擇居東螺溪即現在（西螺）東堡現位在（濁水溪）興建震威宮奉祀拜旋。因在大正癸丑年間溪水為患河川改道先後平安三遷終告定居現在水尾村重建簡陋廟宇奉祀，因聖靈顯赫廣傳台域香火鼎盛民國癸卯年眾議重建廟宇並推選鐘振樹鐘江華鐘欐檽三位為代表負責策劃籌建（即現在之廟址），……。[41]

---

40 參見林曉平，《客家民間信仰與民俗文化》，頁113-114。

41 震威宮〈緣革碑〉，1978年立。

圖 6-19：水尾震威宮

圖 6-20：震威宮主祀伏魔大帝──鍾馗爺

大致說來，震威宮伏魔大帝乃清乾隆元年（1736）水尾村民遠從福建省詔安縣三都港頭鄉遷居來台。至於該地居民何以奉祀鍾馗為庄廟主神，是有原因的。溪州鄉的水尾村住民有超過八成的人姓鐘，與西螺溪南岸的鍾姓族人同宗，該姓祖先為來自福建漳州詔安，並自詡是鍾馗後代，鍾馗信仰對他們來說是祭祖，也是祀神。

　　水尾震威宮的鍾馗信仰之原始本質應當是一種祖先崇拜，鍾馗原本就是宗祠家廟的祭祀對象，我們輔以西螺溪南岸的鍾馗廟便可以發現此一事實。水尾鐘姓家族源自西螺溪南岸的鍾姓，西螺溪南岸鍾姓主要分布於現今二崙鄉、崙背鄉交界的復興村、大同村、枋南村、水尾村（崙背鄉）的8個聚落：土名為大新庄、八角亭、崩溝寮、湳底寮、下街仔、頂街仔、頂番社、下番社，早期都是鍾姓聚落，俗稱「八大社」。現今，在崙背與二崙為主的鍾氏聚落還有聯庄祭祀活動，每年的農曆正月初五、六、日三天，輪值的聚落迎請西螺福興宮、廣福宮的媽祖來遶境，遶境範圍包含二崙鄉大同村的頂番社、下番社、崙背枋南村的新莊、水尾村的頂街（下街）、枋南村、二崙復興村的湳底寮（八角亭）等。八大社一帶可以說是台灣鍾馗信仰的重心，現今八個聚落共建有3座鍾馗廟：

表 6-4：雲林縣八大社鍾姓客裔聚落鍾馗信仰的主要據點

序號	宮廟	位址	祭祀對象
1	枋南村開山宮	雲林縣崙背鄉枋南村7鄰新庄64號	開山宮正殿同祀開山聖侯（介之推）、伏魔大帝鍾馗、媽祖，開山聖侯置中位。
2	崩溝寮光祿宮	雲林縣崙背鄉枋南村新庄	光祿宮原本是鍾氏家祠永嗣堂，同祀天上聖母以及鍾氏來台祖（永嗣公，又稱二房公）的牌位。
3	八角亭復興宮	雲林縣二崙鄉復興村復興路21-1號右側	依據〈二崙鄉八角亭復興宮沿革簡介〉碑記，該宮興建於昭和九年間（1934）原係鍾氏宗祠，後由八角亭村民管理，供奉伏魔大帝[42]。現今，殿內中龕主祀伏魔

---

42 〈二崙鄉八角亭復興宮沿革簡介〉碑記，2011年立。

序號	宮廟	位址	祭祀對象
			大帝，陪祀太子元帥、天上聖母、文武判官等諸神。

資料來源：研究者整理。

　　考察雲林縣八大社鍾姓客裔聚落的鍾馗信仰據點，可以發現崩溝寮光祿宮、八角亭復興宮的前身都是鍾氏家祠，從而衍化成為鍾魁廟，亦即鍾魁本來是祀於鍾氏家祠的祖先崇拜。鍾氏家廟還有一大特色有別於其他姓氏的祠堂，鍾氏家廟除了祖先牌位之外，還有主祀神明伏魔大帝——鍾魁，這個現象是祠堂與寺廟的結合，在雲林詔安客文化圈內的其他祠堂都未見到，也成為當地相當不同的特色。[43]

　　崙背鄉貓兒干文史協會總幹事楊永雄表示：根據他們到大陸的考察發現，大陸詔安縣官陂鎮的鍾氏家廟也與台灣一樣將鍾馗視為遠祖進而崇拜，因此也可以推測這樣的習慣是從大陸帶過來的。[44]

　　或許可以這樣說，雲林縣八大社的鍾馗信仰是以原鄉血緣性信仰為基底而發展出來的，鍾魁是庄廟主神，同時也是具有血緣連結的遠祖崇拜，相當具有客家人重視祭祖的內蘊。溪州水尾與雲林縣鍾姓八大社同源，震威宮主神鍾魁爺也是這一系統傳衍而來，廟內同祀媽祖、文武判官等也都與雲林縣鍾姓八大社類似，再往前溯源，或可言之西螺溪兩側的鍾馗信仰是源自大陸原鄉鍾氏信仰，水尾震威宮更於1991、2019年前往福建省紹安縣深橋鎮港頭村祭祖。從水尾庄廟鍾馗爺的信仰發展脈絡，可以發現客家人對於血緣認同的民俗觀。

---

43 許瑛玳，《雲林詔安客家文化圈的歷史形成——以崙背、二崙兩鄉鎮為例》（桃園中壢：中央大學客家社會文化研究所碩士論文，2008年7月），頁125。

44 許瑛玳，《雲林詔安客家文化圈的歷史形成——以崙背、二崙兩鄉鎮為例》，頁125。

第六節　台灣本島傳衍的神明信仰：恩主公信仰、開臺聖王信仰

　　除了媽祖、玄天上帝、三山國王信仰外，彰化縣東南區客裔聚落庄廟主神較常見的尚有鸞堂恩主公信仰以及開臺聖王國姓爺，本區計有3個客裔聚落以恩主公信仰為主，2個聚落以開臺聖王為庄廟主神。相較於媽祖、玄天上帝、三山國王、鍾馗爺信仰係以原鄉信仰傳承為基礎，恩主公信仰、開臺聖王則屬台灣在地的傳播。本節試著分析闡述恩主公信仰、開臺聖王信仰在彰化縣東南區客裔聚落的發展面向。

一　恩主公信仰

　　恩主公信仰是「救世主」的意思，是鸞堂信仰的名詞。鸞堂以儒為宗，以神為教，通稱儒宗神教，其旨以提醒人心，棄惡從善，改革異端、破除迷信而歸正道；鸞堂一般多用儒書、降詩的方式來勸化、渡化世人，一般多採文乩，並有特定日期會扶乩來濟世。臺灣恩主公信仰主要以南天文衡聖帝關羽、南宮孚佑帝君呂洞賓、先天豁落靈官王善、九天司命真君張單、精忠武穆王岳飛為主，俗稱五恩主公，並多以關羽（關公）為首，因此臺灣一般民眾亦稱關羽為恩主公。[45]

　　清中葉傳入臺灣的「扶鸞」或稱「扶乩」，本為士大夫、文人間之遊藝活動。臺灣的扶鸞活動在清代中葉前便出現，不過仍不脫士人游藝性質，清末之後才出現許多以扶鸞為主要儀式的宗教團體—鸞堂，其參與成員（鸞生）大多為士紳大人，他們所崇拜的主神為三恩主或五恩主（包括關聖帝君、孚佑帝君、九天司命真君、岳飛、豁落靈官王天君等），當時日本警察調查報告則稱之為「降筆會」。[46]鸞堂

---

45 謝瑞隆總編纂，《田中鎮志》，頁600。

46 王見川、李世偉，《臺灣的宗教與文化》（蘆洲：博揚文化，1999年11月），頁160。

以儒為宗，以神為教，通稱儒宗神教，鸞堂一般多用儒書、降詩的方
式來勸化、渡化世人，並在特定日期扶乩濟世。

日治初期臺灣在日本人的政治、經濟等殖民措施下，政治及社會
並不穩定，尤其是日人鴉片政策所採取的漸禁主義，激起臺灣知識菁
英的不滿，也在此一背景下，展開一波降筆會運動，鸞堂透過有效戒
除鴉片煙癮的矯治活動，大量的傳布。[47]田尾鄉打廉廣善堂、小紅毛
社順天宮慎化堂、岸角覆靈宮等多是在此背景下所成立的廟堂。廣善
堂與飛鳳山三恩主代勸堂確有若干的相承關係。田尾打廉庄廣善堂堪
稱是南彰化鸞堂發展的嚆始之一，尤其開展了若干鸞堂，現今彰化縣
東南區客裔聚落存在著幾處鸞堂，主要如下：

表 6-5：彰化縣東南區客裔聚落鸞堂信仰的主要據點

序號	鸞堂	創建年	母堂	交流鸞堂	備註
1	打廉廣善堂	1901	新竹九芎林代勸堂		陳儀亭、巫修齊（客裔）等諸位發起
2	小紅毛社順天宮慎化堂	1930	永靖鄉關帝廳醒化堂	1.分香員林警化堂 2.分香斗南鎮石龜溪感化堂 3.睦宜聖德宮鎮化堂	蕭鄭天送，李萬金（客裔）兩位先生發起，初始陰堂設置在李厝廳堂
3	岸角覆靈宮	1953	竹塘醒靈宮	1.竹塘醒靈宮 2.獅潭玉虛宮 3.國姓楞嚴宮 4.嘉義中埔義靈宮	

資料來源：研究者整理。

---

47 王志宇，《彰化縣田尾鄉聖德宮鎮化堂簡史》（田尾：聖德宮鎮化堂管理委員會，2012
　　年6月），頁6。另，參見王世慶，〈日據初期臺灣之降筆會與戒煙運動〉，《臺灣文
　　獻》第37卷第4期，1986年12月，頁111-151。

（一）打簾廣善堂

圖 6-21：打簾廣善堂

打簾庄廟為受武宮，此外尚有廣善堂，廣善堂為一鸞堂，是南彰化鸞堂信仰的發源地之一。廣善堂位於田尾鄉打簾村民生路289號，主祀主祀三恩主（關聖帝君、孚佑帝君、司命灶君），陪祀觀音佛祖、周倉、關平、媽祖、城隍爺、土地公等。受武官的祭祀人群以打簾村為主。

　　關於廣善堂的沿革，光緒27年（1901）打簾村仕紳因當地人士因吸食鴉片嚴重，其時聞得飛鳳山三恩主降臨在臺中縣石岡鄉開設講道堂，鸞壇救世解癮之顯化，本地方諸位有志善信陳儀亭、魏梱、李玉如、陳先甲、陳政謙、巫修齊諸位相議，負擔開設鸞壇總經費之責，選定本村「福海堂」為壇址，推選陳儀亭、巫修齊二位，同往石岡鄉講道堂恭請三恩主帝君香火降臨，成立廣善堂。[48]當時遇日本政府在各地設臨時地政事務所檢驗土地副本將「福海堂」借用自此解癮停辦，陳儀亭等諸位發起人相議將三恩主聖像請往溪畔村陳日新廳堂奉祀，當時本村巫修齊即向他相議挽留三恩主金爐一個，斯時與本村信者陳新慶相議在現在廟址興建一棟竹造廟宇，巫修齊即往大陸福州恭雕三恩主聖像三尊及關平太子周大將軍各一尊回來奉祀，以後三恩主如常顯化，數次降筆煉成金丹玉液救治萬民。[49]

48　《正關聖帝君、城隍尊神百首解籤，關聖帝君應驗桃園明勝經·廣善堂由來史蹟》（彰化永靖：廣善堂，1983年）。

49　《正關聖帝君、城隍尊神百首解籤，關聖帝君應驗桃園明勝經·廣善堂由來史蹟》。

（二）小紅毛社順天宮慎化堂

圖 6-22：順天宮慎化堂

小紅毛社（福田村）庄廟為順天宮慎化堂。順天宮慎化堂位於田尾鄉福田村光復路一段98巷189號，主神五恩主，分香自永靖鄉關帝廳醒化堂；陪祀玄天上帝、城隍爺、目蓮尊者、註生娘娘、太子元帥等。順天宮慎化堂為小紅毛社的庄廟，祭祀範圍包含福田村全部。

關於小紅毛社順天宮慎化堂的歷史，依〈順天宮慎化堂沿革誌〉所載：民國19年（1930），蕭鄭天送，李萬金兩位老先生，發起推集數十名善信，到永靖鄉關帝廳醒化堂學鸞，眾善信虔誠的信誌，各執一職，效勞鍛鍊新乩或學習堂規禮儀等。精勤無懈，始終一貫，執職成就，於同年桂月初一日，還鄉請旨開堂，蒙賜堂號為慎化。當時本村沒有公共場所，亦無廟宇，因此陽堂設置在蕭鄭天送家中，陰堂設置在李厝廳堂，奉旨開期為二、五、八期，每期扶鸞時刻，請誥在陽堂，扶鸞在陰堂，陰陽堂相隔約一公里的地方，一時聲威遠播，遍及遐邇，香火鼎盛，期間於1931年分香於員林警化堂。……七七事變發生，續日華戰爭宣戰，難得承啟開期濟世，適逢日人廢神廟，禁扶鸞，乃將神像寄放在鄰村的睦宜村聖德宮，保持萬全。

至1945年，臺灣光復，翌年，三尊恩主在聖德宮揮鸞指示要還老家，開期濟世指示，是時陳松、李紫峰兩位老先生及數人討論，對於廟宇問題先解決為重要，隨即奔走勸募，進行興工建造平家的狹小廟宇，乃於1958年入火安座，使有福田村北端之慎化堂建立，遂為集會所焉，在其旁建立中山堂、托兒所等，以為公家使用也。慎化堂建堂

復鸞後，堂務未曾間斷，歷經13載，不久之間，因廟宇北方土墩為人所開墾搬平，承蒙三尊恩主的指點，對廟宇或村中恐有不利，分金要改移換位，同時招集村中有志商議結果，必須改建，隨即於1970年2月招開「重建委員會」，同年積極勸募進行，以利施工，9月18日出火並破土。開建以來，工程就緒，在於1977年南天文衡聖帝御駕本堂，親筆賜提「順天宮」豎匾，並開讀諭文。當時工中大梁正中，出現兩盞明燈，示現祥瑞，可喜可賀。在此原供神像整容及新雕各佛聖先真等相繼入宮，奉接玉詔，喜開群真盛會五天，著手揮鸞著造「感化明道」明編，於1972年竣工，隨即入火安座。[50]順天宮慎化堂的例祭日主要為農曆10月法會。

（三）岸角覆靈宮

圖 6-23：岸角覆靈宮

岸角庄廟為覆靈宮。覆靈宮位於彰化縣溪州鄉成功村岸角巷2號，主祀三恩主（關聖帝君、孚佑帝君及司命真君），陪祀文昌帝君、孔夫子、五穀仙帝、玄天上帝、天上聖母、城隍、周府將軍、關平、三寶佛、觀世音菩薩、地藏王菩薩、註生娘娘、蘇府王爺、華陀神醫、王天君等。

覆靈宮的祭祀人群包含溪州鄉成功村上岸角、成功，圳寮村下岸角，西畔村九甲、廣一巷、廣三巷，溪厝村廣東巷，及北斗鎮溪底一帶。

關於覆靈宮的沿革：據傳日本時代下壩岸角聚落有一庄民身染惡疾，四處求醫皆無法治癒，聽聞鄰庄頂寮有尊恩主公相當靈驗，便前

---

50 〈順天宮慎化堂沿革誌〉碑文，立於2012年。

去請求恩主公降駕開示，不久奇蹟痊癒，1953年恩主公於岸角陳屋降駕時，指示信眾另刻三恩主金身供奉，並於陳屋開堂，名「警善堂」，其後由於三恩主廣施神恩，信眾日益增多，1960年由陳金富、邱禮逢、賴福生、羅炳祥、徐阿錦等人發起建廟，命名為「覆靈宮」。[51]

覆靈宮創廟時，至彰化縣竹塘醒靈宮學習科儀，遂認竹塘醒靈宮為祖廟。岸角覆靈宮畢竟是客家還是較重視像竹塘醒靈宮、溪州覆靈宮、國姓楞嚴宮、嘉義中埔義靈宮、獅潭玉虛宮，五宮都是主祀關聖帝君，所以便義結「金蘭姊妹堂」。[52]五廟每年皆於下半年舉辦結盟慶典。

（四）小結

彰化縣東南區客裔聚落的信俗表徵之一便是鸞堂的恩主公信仰，在田尾鄉打廉、小紅毛社以及溪州鄉岸角以及北斗溪交界的溪底等都有所傳衍。分析彰化縣東南區客裔聚落的鸞堂恩主公信仰，大致可以分為兩個體系：

1. 新竹九芎林代勸堂體系→打廉廣善堂體系→小紅毛社順天宮慎化堂

田尾鄉打廉廣善堂堪稱是南彰化鸞堂信仰的發展的重心之一，諸如小紅毛社順天宮慎化堂都是系出門下。打廉廣善堂在南彰化的發展脈系有：

1. 打廉廣善堂→永靖謻懿宮東興堂→羅厝鎮天宮三興堂→關帝廳醒化宮→小紅毛社順天宮慎化堂。

---

51 數位台灣客庄數位典藏：https://archives.hakka.gov.tw/category_detail.php?id=NH17080219172622，2011年羅亭雅、林晏伊、顧志莉、林鑫咸之田野調查。

52 邱彥貴等編撰，《彰化縣客家族群調查》（彰化：彰化縣文化局，2005年8月），頁301。

據永靖誘懿宮《回心寶鑑》所載，誘懿宮原是已故堂主黃目枝於大正14年（1925）所開設的鸞堂東興堂，當時受到新竹鸞堂的影響，由於彭元奎前來指導；誘懿宮諸生誘導廣善堂之重興，醒化、興善、三化、聖德、慎化等堂之創設，皆與這些鸞生有關。[53]打廉廣善堂、小紅毛社順天宮慎化堂、睦宜聖德宮鎮化堂存在著承衍關係。

2. 苗栗獅潭玉虛宮→竹塘醒靈宮體系→岸角覆靈堂

日治時期從台灣北部二次移民至彰南平原的客裔最重要的信仰中心便是竹塘醒靈宮。關於醒靈宮的歷史淵源如下：明治39年（1906），新竹廳苗栗獅潭信士蔡丁財等人由該地玉虛宮分香而另創設醒世堂，祭祀三恩主。三恩主即文衡帝君（關羽）、孚佑帝君（呂洞賓）、司命真君（灶君張宙）。明治四十二年（1909），堂主蔡丁財等十七人應徵移民到源成農場，便將該堂移至台中廳二林支廳深耕保下洲仔（即今二林鎮興華里洲仔巷），名稱仍然是醒世堂。這一遷徙，是得當年遠從新竹廳南來二林、北斗地區的客家人，可以像以前在家鄉一樣有相同的神明可以祭拜。[54]大正2年（1913）8月，恩主公自主子午，於現址（即竹塘鄉民靖村牛稠仔庄金牛山麓）建造磚造的正寢三間，擇日安座，並將醒世堂改名為醒靈宮，這就是醒靈宮的由來。[55]

醒靈宮的祭祀人群涵蓋由日治初期從桃竹苗招墾到彰化平原的客家聚落，主要為俗稱「七界」源成農場內客家聚落擴及溪州鄉及北斗鎮的舊濁水溪沿線「溪埔」的客家聚落。岸角覆靈宮的發展與醒靈宮關係密切，彼此間有著承衍關係。

彰化縣東南區的鸞堂信仰發展都受到幾個鸞堂傳布運動推動者的

---

53 參見黃秋榮編輯，《回心寶鑑》（彰化：誘懿宮，1936年），頁13。
54 洪長源，《溪州鄉客家地圖》，頁209。
55 洪長源，《溪州鄉客家地圖》，頁210。

影響，如新竹代勸堂的楊福來、彭元奎等人影響。楊福來為廣東省潮州府人，生於同治13年（1874），卒於民國37年（1948），26歲時開始擔任正鸞扶鸞，曾任代勸堂正鸞，並往中南部各堂協著鸞書，大致往客家區推廣道務。楊福來於1924-1936年頻頻在臺中州員林郡、北斗郡等地活動，如北斗郡竹塘庄面前厝的醒靈宮於1926年7月及1935年5月時的中元法會及鸞下生涂鼎煌為承接香辦入堂供職事亦請來楊氏協助，1928年員林郡永靖庄醒化堂助手造書1930年12月員林郡坡心庄三化堂新書告竣時任主懺生、1933年員林郡員林街警化堂及北斗郡田尾庄聖德宮新書告竣亦任主懺生、1936年員林郡永靖庄覺化堂任修正生等。[56]

　　大致上來說，彰南地區的鸞堂在客裔分佈區傳衍開來，新竹客籍楊福來也在其中扮演著傳布的角色，因此日治時期客裔分佈區的打廉、小紅毛社則在客裔仕紳的引領下分別建立了廣善堂、順天宮慎化堂，毗鄰客裔分佈密集區域的睦宜村則建立了聖德宮鎮化堂，其中我們可以發現成立打廉廣善堂的重要人士陳儀亭、巫修齊為客裔，小紅毛社順天宮慎化堂的推動者為李萬金以及陳松、李紫峰等人為客裔，睦宜聖德宮鎮化堂在客裔李紫峰、陳紹輝以及順天宮慎化堂的支持下而重建，這些鸞堂與鄰近永靖、埔心等地客裔人群所興建的鸞堂又多有往來或傳衍關係。此外，日治時期從台灣桃竹苗二次移民至彰化縣東南區的客家人也帶來北部家鄉的鸞堂信仰文化，在溪州鄉及北斗鎮的舊濁水溪沿線「溪埔」等地客家聚落發展，從而鸞堂信仰體系也成為彰化縣東南區客裔信仰的表徵之一。

---

56 參見鄭寶珍，《日治時期客家地區鸞堂發展：以新竹九芎林飛鳳山代勸堂為例》（國立中央大學客家社會文化研究所碩士論文，2008年），頁130-133。

二 開臺聖王（國姓爺）

開臺聖王為鄭成功，名間俗稱「國姓爺」、「開山王」，《台灣省通志・人民志宗教篇》：「鄭成功之崇拜信仰，為地方神崇拜之最高發展，蓋鄭成功不僅為反清復明之忠貞志士，亦為臺灣之開山祖，闢草萊，行德政，臺民到今仍崇拜之，尊之以為神」[57]國姓爺信仰主要在台灣本島發展，此信仰並非漢人從原鄉迎來，而是漢人移墾台灣後所衍生的在地信仰。因著開臺聖王的崇敬，台灣老廟頗多出現同祀國姓爺的情形，然而以之為主神並不普遍。在彰化縣東南區客裔聚落的民俗信仰中，開臺聖王（國姓爺）鄭成功信仰頗為發展，本文所考察的21個客裔聚落有田尾鄉厝仔、溪州鄉外潮洋厝便以國姓爺為庄廟主神，其次在溪州鄉三條圳兩座庄廟國姓宮、三千宮也將國姓爺置於重要的同祀神，顯見開臺聖王信仰在彰化縣東南區有其代表性。現今，彰化縣東南區客裔聚落開臺聖王信仰的主要據點有：

表 6-6：彰化縣東南區客裔聚落開臺聖王信仰的主要據點

序號	宮廟	創建年	香火緣起	信仰範圍
1	厝仔國聖宮	1911年	一說竹山沙東宮	溪州鄉厝仔
2	外潮洋厝聖天宮	2010年		田尾鄉外潮洋厝

資料來源：研究者整理。

---

57 台灣省文獻委員會，《台灣省通志・人民志宗教篇》（台北，眾文出版社，1980年），
　頁45。

（一）厝仔國聖宮

圖 6-24：厝仔國聖宮

國聖宮位於田尾鄉新生村延平路150號，主神開臺聖王，據傳分香自竹山沙東宮；陪祀觀音佛祖、媽祖、玄天上帝、註生娘娘、土地公、太子元帥等。國聖宮為厝仔的庄廟，祭祀範圍包含新生村全部。

關於厝仔國聖宮的歷史，依〈重建國姓宮殿與地方沿革史記〉所載：國姓廟緣起於清道光年代距今一百三十二年來自東螺東堡田中央曰啐街（按：悅興街），初由村民詹六順先生崇奉於武西堡南路厝仔庄私宅。後神蹟顯赫勿論問病求治、久旱求雨、稻虫害憑符即除之靈驗。清宣統三年（1911）遷於現址，以簡陋竹造廟貌創立開都廟供為庄神，廣受膜拜。[58]1978年興建為三樓建築，一樓為活動中心，二樓主神開臺國聖爺，三樓觀音殿於1980年創立，由板橋宏法寺住持如善法師暨真照法師而發心分靈於此。

（二）外潮洋厝聖天宮

聖天宮位於溪州鄉三條村三西路476-1號，主神開臺聖王；陪祀蘇府王爺、媽祖、玄天上帝、太子元帥等。國聖宮為外潮洋厝的庄廟。

關於外潮洋厝聖天宮的歷史，傳說：久遠年前，彰化南瑤宮經由此地橫渡濁水

圖 6-25：外潮洋厝聖天宮

---

58 參見〈重建國姓宮殿與地方沿革史記〉碑文，立於1981年。

溪南下西螺，隨香信眾遺留三媽及國姓爺神像於此三條庄河岸，三條庄居民拾得並供奉於自宅。三條庄信眾有感神靈護祐，並得現址主人仁心獻地，建廟奉祀之。因歲月積累，原廟不堪風霜雨露沁蝕，故於2010年重建。[59]

（三）小結

隨著先祖從大陸原鄉移居台灣的時間拉長，新居地的守護神也逐漸融入客裔的生活經驗，因此諸如國姓爺、義民爺信仰也在客裔人群中發展開來。觀察彰化縣東南區客裔聚落，開臺聖王信仰的推展應當也有類似的趨勢，復以彰化縣南部、南投縣雲嘉平原一帶的開臺聖王信仰也有較為顯著的發展，加上鄰近國姓爺信仰的重鎮——南投竹山沙東宮廟香火推展，因此彰化縣東南區客裔對於開臺聖王的祭祀也就顯得熱絡，尤其是溪州鄉三條圳客庄一帶，開臺聖王信仰相當隆盛，外潮洋厝聖天宮、溪州三千宮以及三條國姓宮都是將開臺聖王置於主神或重要的同祀神，這是觀察彰化縣東南區客裔民俗信仰可以發現的。

圖 6-26：三條國姓宮主祀阿彌陀佛，同祀夏禹國王、開臺聖王

---

59 參見文化資源地理資訊系統——聖天宮：http://crgis.rchss.sinica.edu.tw/temples/ChanghuaCounty/shijou/0726019-STG，2011年7月4日楊連泉、林琮輝之田野調查。

第七章
結論

彰化縣東南區客家民俗傳衍存有其原鄉文化的軌跡

　　彰化縣東南區地處濁水溪流域下游平原的輻射點，屬於濁水溪水系的東螺溪、清水溪、三條圳溪以及「臺灣三大古老埤圳」——八堡一圳、八堡二圳便是由此區輻射而漫流彰化平原，水源豐沛的優勢條件，清代初期即已吸引許多漢人入墾，其中也有不少閩粵的客家人先後在此區拓墾定居。然而台灣中部客家族群的生存環境與福佬人多有接連，不同語系族群的互動更加頻繁，在形勢比人強的現實環境中，台灣中部客家人多融入福佬文化語文系統，時間久了，現今本區客裔幾乎都不會講客家話，甚至不認為自己是客家人。本研究論文，透過文獻梳理、田野調查與族群文化比較，闡述彰化縣東南區客裔的外在的空間分佈與人文環境風貌、內蘊的民俗與信仰特色。經由本論文研究，可以發現幾個重要的訊息：

一　客裔移墾彰化縣東南區的歷史脈絡與空間分佈

　　清代客家族群漸次入墾彰化縣東南部，北斗鎮、田尾鄉、田中鎮、溪州鄉、二水鄉都有客裔拓墾的足跡。整體來說，清末時期彰化縣東南區海豐崙街、溪畔庄、鎮平庄、曾厝崙、新厝仔庄、柳樹湳庄、南路厝庄（以上俱在今田尾鄉）、三條圳庄、內潮洋厝庄、湳堵庄、外潮洋厝庄、水尾庄、菜公溝庄、新厝庄（以上俱在今溪州鄉）、卓乃潭庄、良吉庄（以上俱在今田中鎮）等地已是客裔密集居住地。日治時期，西螺溪（今濁水溪河道）堤防興築，原舊濁水溪（東螺溪）河床形成廣大的新生地，不少台灣北部桃竹苗客家人二次移民至溪州鄉西畔村、北斗鎮新生里一帶都的新生地。

　　時至今日，彰化縣東南區有二十餘個以客裔為主體而型態較為完整的聚落。以客裔所處空間來加以分析，田尾鄉的客裔祖籍以廣東省潮州府饒平縣為多，田中鎮的客裔祖籍以福建省漳州府南靖縣為多，聚落主要分佈在八堡一圳、八堡二圳兩側，如曾厝崙、溪畔、打廉、

柳樹湳、鎮平、厝仔、新厝仔、小紅毛社、崁頂、榕仔腳、龍潭行政區大多隸屬清東螺東保、武西保；溪州鄉的客裔祖籍以福建省漳州府詔安縣為多，聚落主要分佈在西螺溪北岸，如水尾、外潮洋厝、三條圳、菜公、竹圍、新厝、潮洋厝行政區原多隸屬清西螺保，日治時期改隸東螺東保。此外，日治時期許多桃竹苗客家人二次移民南遷舊濁水溪（東螺溪）兩岸新生地，也形成一些客裔聚落，如岸角、北斗鎮新生里、溪州鄉西畔村的「溪底」聚落。

二　彰化縣東南區客裔聚落與傳統民居

觀察彰化縣東南區客裔聚落聚落型態多為血緣性的集結村落，傳統住屋合院的空間格局與特點有：

1. 合院以祖堂（公媽廳）為核心，正屋與橫屋大多分離，呈現「圍屋」型態。

2. 祭祀空間正廳以祭祀祖先為主或分設神明廳、祖堂。

3. 祖牌均書明郡望堂號或歷代先人，牌位上女性或稱「孺人」。

4. 正廳棟對聯句傳承慎終追遠、耕讀傳家的意念，反映達重文教的客家風尚。

三　彰化縣東南區客裔聚落的土地神信仰特色

觀察彰化縣東南區客裔受到福佬文化的影響頗深，然而土地神信仰卻明顯地承襲著客家文化的習尚，主要有：

1. 土地神的祭祀型態：土地神信仰多見以石板或木牌當作香位，上書「福德正神香位」或「福德正神神位」。

2. 重視風水，土地公廟後多築有化胎：彰化縣東南區21個客裔聚落，發現岸角、溪底、曾厝崙、溪畔、打簾、柳樹湳、海豐崙、柳樹

湳、鎮平、厝仔、新厝仔、榕仔腳、龍潭、三條圳、外潮洋厝等16個客裔聚落的土地公廟後仍多見有化胎或植樹的特點。

3. 土地神與大樹、石頭信仰的複合：以石頭或古樹作為土地神祭祀之神主是客家信俗文化的特點，彰化縣東南區客裔聚落仍然可見這種簡樸的祭祀形態。

四　彰化縣東南區客裔聚落民俗信仰的特點

彰化縣東南區客裔聚落民俗信仰的外顯特點便是以媽祖、玄天上帝、三山國王、開臺聖王以及鸞堂恩主公信仰為主而建構地域性特點；此外，溪州鄉水尾鐘姓客裔所傳衍鍾馗爺信仰也頗具客家文化本色。整體而言，媽祖、三山國王、鍾馗爺信仰以原鄉文化傳衍為基底，至於在本區信仰頗盛的玄天上帝可以說是大陸原鄉以及台灣在地文化的地緣交融而成，鸞堂恩主公信仰、開臺聖王為台灣客裔在地的傳衍發展。本區主要的神明信仰之發展面向如下：

1. 媽祖信仰：彰化縣東南區客裔聚落除了龍潭龍門宮、溪畔朝天宮、陸豐天壽宮、柳樹湳鳳聖宮、新厝仔聖玄宮等5處媽祖信仰庄廟外，田尾鄉新厝仔、鎮平、小紅毛社、曾厝崙以及田中鎮崁頂等5個客裔聚落參與枋橋頭七十二聯庄媽祖信仰祭祀活動，田尾鄉曾厝崙、厝仔、鎮平、新厝仔、海豐崙、打廉、溪畔、柳樹湳等7個客裔聚落參與南瑤宮老四媽會或南瑤宮聖四媽會祭祀活動，可見媽祖信仰在彰化縣東南區客裔聚落的興盛景象。

2. 三山國王信仰：彰化縣東南區客裔聚落除了三條圳三千宮、海豐崙沛霖宮、鎮平鎮安宮、曾厝崙廣霖宮等4處外，溪畔庄廟朝天宮以三山國王為主要的同祀神。同時田尾鄉內不少的庄頭也參與「肇霖宮4鄉鎮21村里聯庄信仰圈系統」，其中海豐崙沛霖宮為溪湖霖肇宮「三王角」的信仰中心，其轄區包括了田尾鄉海豐、陸豐、柳鳳等

村，可見三山國王信仰在彰化縣東南區客裔聚落信仰的代表性。

3. 玄天上帝信仰：玄天上帝信仰在彰化縣東南區客裔聚落存在著經由客裔原鄉到台灣在地傳衍的型態。玄天上帝信仰在客裔的大陸原鄉即已所在多有，許多客裔先祖對玄天上帝神明並不陌生，復以彰化縣東南區客裔聚落毗鄰台灣玄天上帝信仰最重要的聖地——南投縣民間鄉松柏嶺受天宮，或許交融大陸原鄉生活記憶以及台灣居住地毗鄰松柏嶺受天宮的地緣關係，許多客裔紛紛奉玄天上帝為庄廟主神，如竹圍北聖天宮、崁頂晉天宮、曾厝崙肇天宮、河壩底廣福宮的香火緣起與松柏嶺受天宮而有所聯繫。

4. 鍾馗爺信仰：彰化縣彰化縣東南區客裔聚落水尾與雲林縣八大社皆屬鍾（鐘）姓血緣聚落，傳襲大陸詔安縣官陂鎮的鍾氏家廟將鍾馗視為遠祖進而崇拜，鍾馗信仰是以原鄉血緣性信仰為基底而發展出來的，鍾魁是庄廟主神，同時也是具有血緣連結的遠祖崇拜，相當具有客家人重視祭祖的內蘊。

5. 鸞堂恩主公信仰：日治時期以降，彰化縣東南區客裔聚落受到台灣北部桃竹苗鸞堂恩主公信仰的影響，恩主公信仰傳衍至田尾鄉打廉、小紅毛社以及溪州鄉岸角等地，成為彰化縣東南區客裔聚落的信俗表徵之一。

6. 開臺聖王（國姓爺）信仰：彰化縣東南區客裔聚落田尾鄉厝仔、溪州鄉外潮洋厝以國姓爺為庄廟主神，其次在溪州鄉三條圳兩座庄廟國姓宮、三千宮也將國姓爺置於重要的同祀神，顯見開臺聖王信仰在彰化縣東南區有其代表性。此等信仰發展反映著客裔將新居地的守護神逐漸融入其生活經驗而傳衍發展。

徵引資料（以筆畫為序排列）

一　碑文廟記

〈二崙鄉八角亭復興宮沿革簡介〉碑記，2011年立。

〈三條圳三千宮沿革誌〉。

〈天壽宮重建紀念牌〉。

〈重建國姓宮殿與地方沿革史記〉碑文，立於1981年。

〈重修沛霖宮紀念〉碑文，1928年立。

〈朝天宮沿革〉碑文，1980年勒石。

〈順天宮慎化堂沿革誌〉碑文，立於2012年。

〈鎮平鎮安宮沿革〉碑文，1962年立。

劉希孟，〈潮州路明貺三山國王廟記〉，收於明代《永樂大典》〈十三
　　　蕭・潮字・潮州府〉5345/18a-19b。

震威宮〈緣革碑〉，1978年立。

二　族譜

《西河堂永登公派下族譜》（1987年）。

《河東薛氏族譜》（田尾，1979年6月）。

《清河堂手抄族譜》（1983年）。

《彭氏族譜來臺開居祖二十世肇華公後代子孫錄》（1974年）。

《劉氏族譜》（1984年）。

《繩武堂　陳武平公族譜》（彰化：繩武堂，1962年）。

《羅氏族譜》。

永靖忠實第,《邱氏族譜》家藏本。

朱慶祥主編,《海邑朱氏源流》(廣東:編纂委員,2004年1月)。

何金賜主編,《台灣游氏族譜》(台中:台灣省各姓歷史淵源發展研究
　　　　學會,1988年)。

何金賜主編,《增修版汝南周氏大族譜》(台中太平:周氏大族譜編纂
　　　　委員會,1983年8月)。

吳銅,《吳氏大族譜》(台中:新聲文化出版社,1975年12月)。

呂姓族譜編纂委員會,《呂姓大宗譜》(臺中:編者,1975年)。

呂姓族譜編纂委員會編著,《呂姓大宗譜》(台中:呂姓族譜編纂委員
　　　　會,1968年)。

巫碧蓮纂修,《巫氏世傳大族譜》(1929年5月)。

卓復政,《祖譜》,未出版,國家圖書館典藏。

邱沛澤族裔族譜家藏本。

書山祠管理委員會編,《臺灣書山蕭氏文獻》(彰化:編者,2001年)。

許化周,《許氏大族譜》(1994年)。

陳水源,《纂修臺灣陳氏道明公後裔族譜》。

陳甲木主編,《媯內五姓大族譜》(台中,1970年)。

陳安邦,《彰化縣田尾鄉鎮平庄陳氏宗親家譜》(1910年6月)。

詹玉柱、詹仁道主編,《詹氏族譜》(彰化:彰化縣詹氏宗親會,1993
　　　　年)。

廖丑,《雲林縣廖氏大族譜》(雲林:雲林縣元子張廖姓宗親會,1992
　　　　年)。

盧俊華主編、盧氏大族譜編輯委員會編,《盧氏大族譜》(臺中:創譯
　　　　出版社,1972年)。

賴氏大族譜編輯委員會編,《賴氏大族譜》(臺中:臺中賴羅傅宗親
　　　　會,1968年)。

賴振興、賴銘鍵主編,《丘邱大族譜》（嘉義：丘邱大族譜編輯委員
　　　會,1987年）。

賴得,《賴氏族譜》。

薛義郎主編,《薛氏手抄譜》。

三　方志史料

《台中州寺廟台帳》第八冊「田中庄——天上聖母廟」。

《正關聖帝君、城隍尊神百首解籤,關聖帝君應驗桃園明勝經‧廣善
　　　堂由來史蹟》（彰化永靖：廣善堂,1983年）。

《臺灣史料稿本（明治三十五年十一月）》（臺北：臺灣總督府史料編
　　　纂會,1902年）。

《臺灣府輿圖纂要》（台北：臺灣銀行經濟研究室,1963年）。

王志宇,《彰化縣田尾鄉聖德宮鎮化堂簡史》（田尾：聖德宮鎮化堂管
　　　理委員會,2012年6月）。

北斗郡役所,《北斗郡概況》（台北：臺灣新民報社,1938年4月）。

台灣省文獻委員會,《台灣省通志‧人民志宗教篇》（台北,眾文出版
　　　社,1980年）。

余文儀,《續修臺灣府志》（台北：臺灣銀行經濟研究室,1962年）。

吳子光,《台灣紀事》（台北：台灣大通書局,1959年）。

宋增璋,《台灣撫墾志》（南投：台灣省文獻會,1980年）。

周鍾瑄,《諸羅縣志》（臺北市：臺灣銀行經濟研究室,1962年）。

周璽,《彰化縣誌》（彰化：彰化縣文獻委員會,1993年3月再版）。

倪贊元纂輯,《雲林縣采訪冊》（臺南：國立臺灣歷史博物館,2011
　　　年）。

臺灣銀行經濟研究室,《清代臺灣大租調查書》（台北：臺灣銀行經濟
　　　研究室,1963年）。

劉良璧，《重修福建臺灣府志》（台北：臺灣銀行經濟研究室，1961
　　年）。

劉金志，《故鄉田中》（田中鎮：財團法人彰化縣賴許柔文教基金會，
　　2009年8月）。

臨時台灣土地調查局，《台灣土地慣行一斑》（台北：南天書局，1998
　　年7月）。

謝瑞隆總編纂，《田中鎮志》（彰化縣田中鎮：彰化縣田中鎮公所，
　　2014年12月）。

羅肇錦，《臺灣客家族群史‧語言篇》（南投市：臺灣省文獻委員會，
　　2000年）。

四　專書

王見川、李世偉，《臺灣的宗教與文化》（蘆洲：博揚文化，1999年11
　　月）。

林文龍，《臺灣中部的開發》（臺北市：常民文化出版社，1998年）。

林曉平，《客家民間信仰與民俗文化》（北京：中國社會科學出版社，
　　2012年12月）。

邱彥貴、吳中杰，《臺灣客家地圖》（台北：貓頭鷹出版社，2001
　　年）。

邱彥貴等編撰，《彰化縣客家族群調查》（彰化：彰化縣文化局，2005
　　年8月）。

邱森鏘，《部落教化の實際》（田尾：三十張犁部落振興會，1940年9
　　月）。

洪長源，《溪州鄉客家地圖》（彰化溪州：彰化縣溪州鄉公所，2005年
　　11月）。

洪敏麟，《臺灣舊地名之沿革　第二冊（下）》（臺中市：臺灣省文獻委
　　員會，1984年）。

許世融、邱正略、程俊源，《二十世紀上半大安到濁水溪間的客家再移民》（南投：國史館台灣文獻館，2017年10月）。

傅朝卿，《彰化縣重大意義歷史建築調查研究書》（彰化：彰化縣文化局，2005年12月）。

曾國慶，《彰化縣三山國王廟》（彰化市：彰化縣立文化中心，1997年）。

曾慶國，《彰化縣三山國王廟——客家與福佬客的故事》（台北：臺灣書房，2011年）。

黃秋榮編輯，《回心寶鑑》（彰化：謖懿宮，1936年）。

楊緒賢，《台灣區姓氏堂號》（台北：台灣新生報社，1980年4月再版）。

葉爾建等撰述，《臺灣地名辭書·彰化縣》（南投：國史館臺灣文獻館，2004年）。

賴志彰，《彰化八卦山山腳路的民居生活》（彰化：彰化縣立文化中心，1997年）。

五　學位論文

吳中杰，《臺灣福佬客分布及其語言研究》（台北：國立臺灣師範大學華語文教學研究所碩士論文，1999年）。

許瑛玳，《雲林詔安客家文化圈的歷史形成——以崙背、二崙兩鄉鎮為例》（桃園中壢：中央大學客家社會文化研究所碩士論文，2008年7月）。

陳嬿庄，《臺灣永靖腔的調查與研究》（新竹：國立新竹師範學院臺灣語言與語文教育研究所碩士論文，2003年）。

劉俊龍，〈水圳建設與彰化平原的開發〉（台南：成功大學歷史語言研究所碩士論文，1993年）。

鄭寶珍，《日治時期客家地區鸞堂發展：以新竹九芎林飛鳳山代勸堂

為例》（桃園中壢：國立中央大學客家社會文化研究所碩士
　　論文，2008年）。

謝英從，《永靖——一個彰化平原的鄉鎮社區發展史》（台北：文化大
　　學碩士論文，1991年）。

謝瑞隆，《媽祖信仰故事研究——以中國沿海地區、台灣為主要考察
　　範圍》（嘉義：中正大學中國文學系研究所博士論文，2015
　　年）。

六　單篇論文

王世慶，〈日據初期臺灣之降筆會與戒煙運動〉，《臺灣文獻》第37卷
　　第4期，1986年12月。

李豐楙，〈臺灣中部「客仔師」與當地社會〉，《客家文化研討會》（苗
　　栗：苗栗縣立文化中心，1993年）。

林衡道，〈員林附近的福佬客村落〉，《臺灣文獻》第14卷第1期，1963
　　年。

張塗金，〈客家婦女死後均稱孺人〉，《台北市梅州同鄉會刊》第12
　　期，1998年2月。

許嘉明，〈彰化平原福佬客的地域組織〉，《中央研究院民族學研究所
　　集刊》第36期，1973年。

郭伶芬，〈從三山國王到玄天上帝：彰化福佬客信仰之觀察〉，《彰化
　　文獻》第10期，2007年12月。

郭伶芬，〈清代彰化平原福客關係與社會變遷之研究——以福佬客的
　　形成為線索〉，《臺灣人文生態研究》第4卷第2期，2002年7
　　月。

陳春聲，〈正統性、地方化與文化的創制——潮州民間神信仰的象徵
　　與歷史意義〉，《史學月刊》2001年第1期。

曾慶國，〈三山國王霖肇宮的信仰與聚落人文發展〉，《彰化文獻》第10期，2007年12月。

楊永雄，〈雲林鍾姓詔安客家八大社〉。

賴志彰，〈彰化縣客家民居的地域風格〉，《彰化文獻》第21期，2016年11月。

謝重光，〈三山國王信仰考略〉，《世界宗教研究》1996年第2期。

謝瑞隆，〈聚落發展與其廟祀神明的信仰圈之變遷——以彰化縣媽祖信仰為例〉，《彰化文獻》第10期，2007年12月。

謝瑞隆，〈彰化縣田尾鄉客家族群的拓墾與分佈〉，《彰化文獻》第21期，2016年11月。

八　網路資料

〈客家人的伯公文化，一塊石頭，亦或一張紅紙〉：https://kknews.cc/agriculture/oo58kno.html，2019年9月搜尋。

中華民國僑務委員會——客家庄——客家夥房：http://edu.ocac.gov.tw/lang/hakka/c/c.htm，2019年9月搜尋。

文化資源地理資訊系統——菜公村北聖天宮：http://crgis.rchss.sinica.edu.tw/temples/ChanghuaCounty/shijou/0726013-BSTG，2012年8月24日楊連泉、林琮輝之田野調查。

文化資源地理資訊系統——聖天宮：http://crgis.rchss.sinica.edu.tw/temples/ChanghuaCounty/shijou/0726019-STG，2011年7月4日楊連泉、林琮輝之田野調查。

田尾鄉肇天宮粉絲專頁：https://www.facebook.com/%E7%94%B0%E5%B0%BE%E9%84%89%E8%82%87%E5%A4%A9%E5%AE%AE-854246601388383/，2019年9月搜尋。

彰化縣田中鎮戶政事務所：https://house.chcg.gov.tw/tienchun/03search/sea_b2_01.asp，2019年10月5日搜尋。

彰化縣田尾鄉戶政事務所：https://house.chcg.gov.tw/tianwei/03search/
　　　sea_b2_01.asp?offset=0，2019年10月5日搜尋。

數位台灣客庄數位典藏：https://archives.hakka.gov.tw/category_detail.
　　　php?id=NH17080219110093，2019年9月搜尋，2011年羅亭
　　　雅、林晏伊之田野調查。

數位台灣客庄數位典藏：https://archives.hakka.gov.tw/category_detail.
　　　php?id=NH17080219172622，2011年羅亭雅、林晏伊、顧志
　　　莉、林鑫咸之田野調查。

數位台灣客家庄：https://archives.hakka.gov.tw/topic_detail.php?id=3，
　　　2019年9月搜尋。

數位台灣客家庄：https://archives.hakka.gov.tw/topic_detail.php?id=81，
　　　2019年9月搜尋。

賴志彰，〈2004年福佬客文化節——認識福佬客／建築空間表達〉：
　　　http://ihakka.hakka.gov.tw/fulao2004/main_2_d.htm，2019年9
　　　月搜尋。

民俗文化叢書 1900001

濁水溪流域彰化縣東南區客家文化傳衍之研究
——以田尾鄉、田中鎮為主要的考察空間

作　　者　謝瑞隆
責任編輯　楊家瑜

發 行 人　林慶彰
總 經 理　梁錦興
總 編 輯　張晏瑞
編 輯 所　萬卷樓圖書股份有限公司
　　　　　臺北市羅斯福路二段 41 號 6 樓之 3
　　　　　電話 (02)23216565
　　　　　傳真 (02)23218698

發　　行　萬卷樓圖書股份有限公司
　　　　　臺北市羅斯福路二段 41 號 6 樓之 3
　　　　　電話 (02)23216565
　　　　　傳真 (02)23218698
　　　　　電郵 SERVICE@WANJUAN.COM.TW
香港經銷　香港聯合書刊物流有限公司
　　　　　電話 (852)21502100
　　　　　傳真 (852)23560735

ISBN 978-986-478-322-9

2021 年 3 月初版三刷
2020 年 3 月初版二刷
2019 年 10 月初版一刷
定價：新臺幣 360 元

如何購買本書：

1. 劃撥購書，請透過以下郵政劃撥帳號：
　　帳號：15624015
　　戶名：萬卷樓圖書股份有限公司
2. 轉帳購書，請透過以下帳戶
　　合作金庫銀行　古亭分行
　　戶名：萬卷樓圖書股份有限公司
　　帳號：0877717092596
3. 網路購書，請透過萬卷樓網站
　　網址 WWW.WANJUAN.COM.TW

大量購書，請直接聯繫我們，將有專人為
您服務。客服：(02)23216565 分機 610

如有缺頁、破損或裝訂錯誤，請寄回更換
版權所有・翻印必究
Copyright©2021 by WanJuanLou Books CO., Ltd.

All Rights Reserved　　　Printed in Taiwan

國家圖書館出版品預行編目資料

濁水溪流域彰化縣東南區客家文化傳衍之研
究：以田尾鄉、田中鎮為主要的考察空間 /
謝瑞隆著. -- 初版. -- 臺北市：萬卷樓,
2019.10　　面；　公分
ISBN 978-986-478-322-9(平裝)
1.客家　2.文化研究　3.區域研究　4.彰化縣
　　536.211　　　　　　　　　108018629